KB180050

대전환의 시대

코로나 버블 속에서 부를 키우는
세계 3대 투자가 짐 로저스의 대예언

대전환의 시대

짐 로저스 지음 l 송태욱 옮김

알파미디어

들어가며

2020년 중국 우한武漢에서 시작된 신형 코로나 바이러스의 세계적 만연으로 인류는 역사상 처음으로 거의 모든 경제를 닫고 말았다.

2008년*의 리먼 쇼크 때는 미국 투자은행 리먼 브라더스가 파산하고 그 영향으로 연쇄 도산이 일어나 금융 위기를 일으켰다. 하지만 그때와는 사정이 다르다. 왜냐하면 코로나 감염병으로 전 세계가 폐쇄되었기 때문이다.

---

* 원문은 2009년으로 되어 있으나 2008년의 착오로 보여 고침.

역사를 거슬러 올라가면 인류는 수많은 감염병과 싸워 왔다. 이번 세기만 해도 사스^{SARS, 중증 급성 호흡기 증후군}나 조류 인플루엔자 등이 유행하고 그때마다 경제적인 피해는 있었지만 세계적으로 맥도널드나 공항까지 폐쇄된 일은 한 번도 없었다.

신형 코로나 바이러스에 대한 각국의 대응이 잘못되었다고 할 수 있을 것이다. 질병보다는 치료 약이 몸에 더욱 심한 피해를 끼치는 일이 있는데 이번이 바로 그 전형적인 예다. 도시를 봉쇄한 탓에 많은 사람들이 경제적으로 파탄 나고 수많은 가게나 레스토랑은 두 번 다시 문을 열지 못할 것이다. 그렇기에 코로나의 영향은 장기간에 이를 것이라고 예측된다.

2020년 가을이 되어 드디어 도시의 엄격한 봉쇄^{록다운}가 전염병의 세계적 대유행^{팬데믹}에 효과적이지 않다는 견해가 나오기 시작했지만 경제 침체를 막기에는 너무 늦었던 것이다.

미국을 비롯한 각국 정부는 현재 채무를 모면하기 위해 엄청난 양의 지폐를 계속해서 찍어 내고 있다. 이러한 상황은 세계 경제에 대해 아무래도 리먼 쇼크 때보다 몇 배나 큰 타격을 주고, 더욱 장기간에 걸쳐 수많은 사람들을 괴롭

히게 될 것이다. 리먼 쇼크 뒤에도 세계의 중앙은행이 금융 완화 정책을 시행했지만 이번 규모는 당시보다 훨씬 크다.

애초에 코로나 쇼크 전에도 나의 조국 미국은 세계 최대의 채무국이었다. 거기에서 다시 수조 달러 단위로 채무를 계속 늘려 가 이제 미국의 젊은이들에게 밝은 미래는 없을 것이다.

나의 사랑하는 딸들은 현재 열일곱 살과 열두 살인데, 그녀들은 앞으로 번영하는 미국을 볼 수 없을 것이다. 터무니없는 액수의 채무가 더욱 늘어나 변제할 가망이 없기 때문이다. 언젠가는 금리가 급상승할 것이다. 그렇게 되면 미국의 몇몇 도시, 주, 그리고 자칫하면 국가가 파산하고 말 것이다. 마찬가지로 채무를 계속 늘려 가는 다른 국가들에 대해서도 같은 말을 할 수 있다.

코로나 쇼크를 계기로 나의 인생에서 가장 큰 불황이 다가오고 있다는 사실은 틀림없을 것이다. 많은 사람들이 자산을 지킬 수 없는 상황에 빠질지도 모른다. 그러나 나 같은 투자가에게는 인생 최대의 약세 장세가 도래할 가능성이 높아 천재일우千載一遇의 기회라고도 할 수 있다. 내가 투자가로서 성공한 것은 늘 강세 장세가 아니라 약세 장세를 쫓아왔기 때문이다.

　그런 상황에서 내가 어떻게 생각하고 어떤 행동을 했을까. 세계의 과거와 현재, 그리고 미래를 눈여겨보며 이 책을 통해 여러분에게 새삼 그것을 알려드리고 싶다.

　　　　　　　　　　　　　　　　　　　짐 로저스

차례

들어가며···5

제1장
코로나 쇼크로 내 인생 최악의 불황에 빠지는 세계

제2장
포스트 코로나의 패권을 쥘 나라는 여기다

제3장

원유 약세, 물이나 식량 위기······
상품은 어떻게 될까

제4장
코로나로 활성화하는 새로운 시장

제5장
대전환하는 세계에서 이겨 나간다

제1장

코로나 쇼크로
내 인생 최악의
불황에 빠지는 세계

Jim Rogers

인생 최악의 폭락 징조는
이미 시작되었다

다음의 세계적 불황은 틀림없이 내 인생에서 최악의 불황이 될 것이다. 이미 붕괴가 시작되었을지도 모르지만, 앞으로 더욱 악화될 것이라고 생각한다. '들어가며'에서 말한 것처럼 코로나 쇼크를 발단으로, 전 세계의 채무가 과거에 찾아볼 수 없는 정도의 규모로 늘어나고 있기 때문이다.

리먼 쇼크 직전인 2008년에도 세계적으로 채무가 늘어나 심각한 상태였지만, 전례를 찾아볼 수 없는 코로나 쇼크로 더욱 심각한 상황이 되었다. 현재 주요국의 금리는 거의 제로에 가깝지만 어딘가에서 금리 상승이 일어날 것이다. 그때는 수많은 사람들이나 기업이 파산할 것이다.

만약 가까운 장래에 붕괴가 일어나면 각국의 중앙은행이나 정부는 또다시 지금과 똑같은 일을 할 것임이 틀림없다. 지폐를 계속 찍어 내 채무를 늘리고 지출을 계속할 것이다. 그리고 되도록 주식 등의 자산을 사들일 것이다.

그러나 어딘가에서 시장 참여자는 중앙은행과 정부의 행동을 믿지 않게 될 것이다. 그들이 아무리 지폐를 찍어 내도 시세에 영향을 주지 않게 되는 날이 올 것이다. 낙관적인 사람들이 조금 시간을 벌 수 있을지도 모르지만, 언젠가는 계산서가 돌아오고 지폐는 의미를 잃고 금융 상품의 시세는 폭락할 것이다.

당신의 아이들은 다양한 파탄을 경험하게 될 것이다. 정부가 파탄 나는 것은 역사적으로 드문 일이지만, 미래에 아이들 세대가 받을 연금은 대량의 빚과 지폐 인쇄로 인해 현재와 비교해 그 가치가 현저하게 떨어질 것이다.

러시아의 고령자들은 지금도 소비에트 연방 시대의 연금을 받고 있지만, 심한 인플레이션으로 그들이 받고 있는 금액은 사실상 제로나 다름없다는 사실을 알고 있을까.

리먼 쇼크 이후 미국의 채무는 크게 늘어났다. 국제통화기금^{IMF}의 2020년 10월 발표에 따르면, 2019년 10월 말 미국의 공적 채무 잔고는 2,800조 엔을 넘었다(1달러 = 105엔 환산). 트럼프 정권이 시행한 대폭적인 감세로 인한 세수 감소와 국채 발행의 증가가 그 원인이다.

세계 최대의 대외 채무를 안고 있는 미국이 경제 악화로 미국 국채의 채무 불이행을 일으킬 염려가 높아지면 미국 국채의 가치는 상대적으로 내려가고 금리가 상승한다. 그때는 전 세계의 경기가 나빠진다.

2019년의 GDP 대 채무 비율의 세계 최악 랭킹

순위	국명	채무 비율	순위	국명	채무 비율
1	일본	237.96	11	포르투갈	117.74
2	베네수엘라	232.79	12	앙골라	109.21
3	수단	201.58	13	미국	108.68
4	에리트레아	189.35	14	벨리즈	105.08
5	그리스	180.92	15	부탄	104.41
6	레바논	174.48	16	모잠비크	104.38
7	이탈리아	134.8	17	바레인	103.36
8	싱가포르	130.02	18	벨기에	98.75
9	카보베르데	124.98	19	프랑스	98.12
10	바르바도스	122.22	20	키프로스	95.51

자료 : GLOBAL NOTE　출전 : IMF

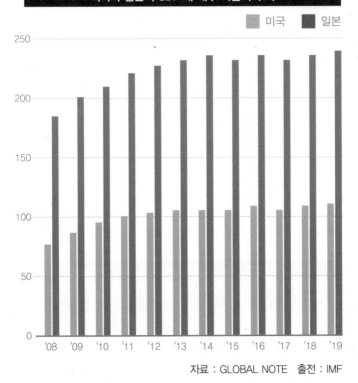

미국과 일본의 GDP 대 채무 비율의 추이

■ 미국　■ 일본

자료 : GLOBAL NOTE　출전 : IMF

　리먼 쇼크 때 세계를 구한 중국에서조차 지방 정부나 국유 기업의 채무가 증대하고 있다. 2018년에는 라트비아의 은행이 파산하고 아르헨티나, 터키, 인도의 은행 등에서도 문제가 일어났다. 2020년 3월에는 레바논이 채무 불이행

　　　　　　　　대전환의 시대

Default을 선언했고 아르헨티나, 브라질, 터키도 채무 불이행을 선언해야 할지도 모르는 위기에 처해 있다.

앞으로도 국가나 기업의 채무 불이행은 다시 늘어날 것으로 예상할 수 있다. 방대한 채무 계산서는 언젠가 처리하지 않으면 안 된다.

코로나로 봉쇄한 나라는
원래대로 돌아갈 수 없다

나는 이미 십수 년을 싱가포르에서 살고 있는데, 국가의 모든 것을 폐쇄한 싱가포르의 영향은 몇 년 뒤에나 알 수 있을 것이다. 확실한 것은 두 번 다시 예전의 번영기로 돌아갈 일은 없을 거라는 점이다. 설령 돌아간다고 해도 방대한 시간이 걸릴 것이다.

싱가포르에서 무슨 일이 일어날지는 분명하지 않다. 왜냐하면 정부는 아무것도 공표하지 않기 때문이다. 아마 채무 비율이 대폭적으로 올라가고 있을 것이다.

IMF의 웹사이트에서 확인하면 싱가포르의 GDP 대 채무 비율은 세계의 상위에 위치한다. 정부는 채무를 상회하는 방대한 준비금_{경기 악화에 대비하여 보유하고 있는 정부의 순자산. 그 규모는 국가기밀}이 있다고 변명하고 있지만 준비액이나 부채액 등은 공표하지 않는다. 준비금이 줄면 젊은 세대의 장래는 어두워지기만 할 뿐이다.

이번에 새로운 채권을 발행하지 않아도 준비금을 줄이고 있다면 순부채는 늘어나고 있는 것이 된다.

최근 싱가포르 달러의 약세는 코로나 불안에 의해 구입된 미국 달러의 강세로 인한 것이라고 할 수 있다. 투자가의 미국 달러 구입의 영향으로, 미국 달러 대비로는 많은 통화가 하락하고 있다.

전 세계의 투자가는 경험적으로 미국 달러가 안전 자산이라고 생각하고, 이번에도 미국 달러에 거액의 자금이 유입되고 있는 것이다.

한편 중국은 국가를 폐쇄하지 않았다. 사실 2020년 1월 10일과 11일에 나는 우연히 강연을 위해 중국 후베이성 우한시에 있었다. 당시에는 이미 모두가 신형 코로나 바이러스에 대해 알고 있었다. 하지만 그다지 신경 쓰고 있는 것 같지 않았다. 나는 1,000명이 넘는 사람들이 모이는 이벤

트에서 강연을 했는데, 초대해준 보험회사의 판단으로 취소도 되지 않고 예정대로 이루어졌다. 마스크를 쓰고 있는 사람도 드문드문 보였다. 서유럽과는 달리 중국에서는 코로나 이전부터 감기 등으로 마스크를 하는 사람이 일반적으로 있었기 때문에 특별히 평소와 다른 광경으로 보이지는 않았다.

나는 위험도가 높다고 여겨지는 연령임에도 불구하고 무사히 살아남았다. 지금 생각하면 행운이었다고 할 수 있을 것이다.

그 뒤 내가 우한에 있었던 사실을 알고 있는 취재진은 내가 가볍게 기침을 하는 것만으로 두려워하고 있는 것 같았다. 평상시 체온이라는 것을 보여 주자 조금 안심하는 것 같기는 했다.

그 뒤 단숨에 사태가 악화되어 우한은 완전히 봉쇄되고 말았다. 하지만 중국은 최초로 신형 코로나 바이러스의 감염 확대가 확인된 지역임에도 불구하고 거국적인 재빠른 대응으로 다른 나라만큼 심각한 상황에 빠지지 않았다.

미국은 감염이 확대될 때까지 몇 달의 준비 기간이 있었는데도 불구하고 아무것도 하지 않았기 때문에 의료 붕괴에 빠진 도시도 있었다. 미국 국민으로서도 정말 부끄러운 실수다. 코로나가 미국에서 발생했을 때는 검사조차 하지 않았기 때문이다. 중국에서 처음으로 코로나가 만연하여 나라가 타격을 받은 것은 당연하지만, 미국은 준비 기간이 있었는데도 불구하고 중국보다 훨씬 심한 타격을 받았다.

중국에서는 이미 레스토랑이나 카페, 그리고 강연도 재개하고 있는 등 사람들이 평범한 생활을 즐기고 있다. 발생지인 우한은 완전히 봉쇄했지만 나라 전체를 봉쇄하지 않았던 것이 좋았다고 생각한다.

그런 의미에서는 일본도 경제를 완전히 폐쇄하지는 않았기 때문에 타국에 비해 타격이 적었다고 할 수 있다. 도시를 완전히 봉쇄한 나라의 타격은 앞으로 헤아릴 수 없이 클 것이다.

●
백신의 등장으로 시장이 과열되어도 오래 지속되지는 않는다

미국의 주식시장은 아마 코로나 전부터 이미 버블이었

을 것이다. 약 10년 동안 주가가 계속 상승했는데, 이는 역사상 나타난 적이 없는 현상이다. 이것이 버블의 정의는 아니지만 버블의 증상이었다는 것은 분명하다.

이대로 가면 20년 연속 주가가 상승해도 이상하지 않는 상태다. 코로나 직전에는 무슨 일이 있어도 매일 주가가 상승하는 종목이 있었다. 최근 들어 다시 어떤 종목은 무슨 일이 있어도 계속 상승하고 있다.

따라서 코로나 전의 버블에는 이미 작은 구멍이 뚫려 있을지도 모르지만 아직 파열되지는 않았다. 그리고 나는 최근 장세야말로 버블이 터지기 전에 찾아오는 이른바 '과열 장세'라고 생각하고 있다.

주식시장이 오랫동안 상승하여 자금이 대량으로 유입되면 주가가 급상승하여 장세가 과열되는 경우가 많다.

예를 들어 1989~1990년의 일본 주식시장이나 1999년 미국의 주식시장이 그랬다. 나스닥 주식시장은 1999년 시점에 이미 수년에 걸쳐 상승하고 있었는데도 마지막 6개월 동안은 더욱 증가했다. 그것이 과열 장세다.

지금이 바로 주식의 버블일지도 모른다. 세계의 중앙은행이 지폐를 대량으로 찍어 내고 있고, 시장에 자금이 대량으로 유입되고 있다. 일본은행의 총재도 되도록 빨리 지폐를 찍어 내 그 자금으로 채권, ETF상장지수펀드를 사서 장세를 지탱하고 있다.

일본 주가는 과거 최고가에서 40% 이상이나 떨어져 있지만 이대로 가면 최고가를 갱신할 가능성도 있다. 이렇게 말하면 놀라는 사람이 많겠지만 그럴 가능성은 충분히 있다고 나는 생각한다.

미국 주가도 버블이 좀 더 가속화될지 모른다. 코로나 바이러스의 백신이나 치료제가 발표된다면 모든 장세가 과열되어도 이상하지 않을 것이다. 강한 고양과 대량의 자금 투입으로 엄청난 버블 장세가 펼쳐질 가능성은 굉장히 높다.

경기는 이미 바닥을 치고 있다. 그리고 장기간에 걸쳐 개선될 것이다. 공항에 비행편이 조금이라도 늘어난다면 제로보다는 개선된 것이 된다.

그리고 반드시라고 해도 좋을 만큼 과열된 '버블 말기'에는 폭락이 기다리고 있다. 장세가 과열될 때는 기세로 매수가 들어오고, 상승하고 있다는 사실만으로 사고 마는 사람도 나온다. 역사를 거슬러 올라가면 이런 방식의 매수가 주효한 일은 드물다.

만약 단기적인 모멘텀 매매_{장세의 기세나 방향성을 판단하여 하는 매매}의 베테랑이라면 괜찮을지도 모르지만 대부분의 투자가는 화상을 입게 된다. 나는 모멘텀 매매를 전혀 하지 않는다.

●

곧 시장의 더블딥이
올지도 모른다

미국에서 코로나 감염자 수가 상승하고 있는 것은 검사 수를 늘렸기 때문인지도 모른다. 감염자 수와는 달리 사망자 수는 증가하지 않는 것처럼 보인다. 공개되어 있는 통계는 보도나 뉴스와 마찬가지로 의심할 만한 여지가 있다.

나는 통계의 신빙성에 대해 언급할 수 없지만 미디어는 신문이나 잡지 등을 좀 더 팔기 위해, 온라인 기사를 좀 더 클릭하게 하기 위해 뉴스를 과장하여 보도하고 있을지도 모른다.

나는 시장의 더블딥^{doubledip}*의 타이밍을 예측하는 것을 잘하지 못하지만, 온다고 한다면 앞에서 말한 대로 버블 말기의 과열 장세 뒤일 거라고 생각한다. 주의해야 하는 것은 2021년이다. 더블딥은 2021년 전반기가 될 가능성이 있다.

역사적으로 보아 미국의 대통령 선거 다음 해의 주식 장세는 그다지 좋지 않다. 누가 이기건 선거를 한 해에 대량의 지출이 있기 때문이다. 선거 다음 해는 4년 뒤의 선거를 대비하기 위해 지출을 줄이는 경향이 있다.

장세가 과열되어 닛케이 평균 주가가 다시 과거 최고가인 약 4만 엔까지 상승하면 2021년, 2022년은 불안해질 것이다. 버블 장세에 해피엔드는 없기 때문이다.

버블 장세라는 것은 'OO 붐'을 만들어 낸다. 예컨대 '일본 주식 붐'이나 '하이테크 주식 붐'이다. 그때 맨 먼저 당하는 사람은 붐을 믿지 않는 사람들이다. 그들이 먼저 공매도를 해서 괴멸적인 타격을 입는다.

그 다음으로 붐을 믿는 사람들이 전멸한다. 그들은 붐에

---

* 경기 침체 뒤 일시적으로 경기가 회복되다가 다시 침체되는 이중 침체 현상.

편승하여 과열 장세의 막바지에 모든 것을 잃는다. 다시 말해 최종적으로는 모두가 전멸한다는 뜻이다.

버블을 믿지 않는 노회한 늙은이인 내가 참전한다면 우선 맨 먼저 내가 괴멸할 것이다. 이 장세는 미쳤다고 생각하며 일찌감치 공매도를 시작할 것이기 때문이다.

얼마 전 어딘가의 20대 젊은이가 '나는 천재다. 이 얼마나 간단한 장세란 말인가'라고 생각하며 주식을 계속 산다. 공매도를 시작한 나는 거기서 파산한다. 하지만 그 뒤 찾아오는 버블 붕괴로 그들도 전멸한다. 과열 장세에 회의적인 사람도, 붐을 믿는 사람도 모두 큰 손해를 본다. 그것이 버블인 것이다.

●
이제 세계는 인플레이션에서
벗어날 수 없다?

세계적인 금융완화로 돈이 대량으로 움직이게 된 것은 각국의 정부만이 아니다. 10년 전에는 제대로 된 금융 기관에서 차입이 불가능했던 회사가 지금은 은행에서 자유롭게 융자를 받을 수 있게 되었다. 결코 빌려서는 안 되는 상황에 있는 기업도 쉽게 자금을 조달할 수 있다.

아무리 시간을 벌어도 언젠가 이 게임은 종언을 맞이할 것이고, 금리가 상승하면 최악의 시나리오가 기다리고 있을 것이다. 그래도 돈을 계속 찍어 내면 기업의 과잉 차입을 부르고 설비가 과도해진다. 그 결과 인플레이션이 유발된다.

한편 가격 상승의 인플레이션도 일어난다. 예컨대 싱가포르에서는 이미 코로나로 인한 봉쇄로 수많은 레스토랑이 문을 닫았다. 하지만 살아남은 곳은 경쟁이 적어져 수요가 올라갈 것이다. 그리고 그만큼 가격을 올릴 수 있기 때문에 인플레이션을 유발할 것이다. 빚이 있는 레스토랑은 변제를 위해 재고를 싸게 팔 것이기 때문에 일단은 디플레이션 기미를 보일지도 모르지만, 언젠가는 수요가 증가하고 가격 상승의 인플레이션으로 변할 것이다.

결국 회사도 정부도 마찬가지로 무한히 채무를 늘리는 일은 판타지 세계가 아닌 한 불가능하다. 영원히 지폐를 찍어 낼 수 있는 세계는 없기 때문이다.

코로나처럼 유행하는
'MMT 이론'은
세계를 파탄으로 이끈다

이런 상황에서 최근 MMT 이론Modern Monetary Theory, 현대화폐이론이라는 말을 듣는 기회가 늘어났다. 독자적인 화폐를 발행하고 있는 정부는 결코 파산하지 않는다는 이론인데, 내게는 'Modern Monetary Theory'라기보다는 'More Money Today'(지금 돈을 더!)의 약어로밖에 생각되지 않는다.

그들이 주장하는 것은 근사하기 때문에, 채무가 늘어남에 따라 MMT 신자는 더욱 늘어날 것이다. 영국이나 일본 중앙은행의 대응도 흡사 MMT 이론의 신자 같다. 다만 이는 명백한 잘못이고 반드시 실패할 것이다.

하지만 '잘못된 것이니 쓰이지 않을 것이다'라고는 말할 수 없다. 이제 마르크스주의나 공산주의를 믿는 사람은 적지만, 그 이론이 세상의 많은 문제에 대해 근사하게 '간단한' 해결책으로서 오랫동안 지지를 받았다는 것은 사실이다.

많은 사람들은 MMT 이론으로 세계가 구원받을 거라고

착각하고 있을지 모르지만, 그것은 일을 악화시킬 뿐이고 젊은이들의 미래는 상실될 것이다.

MMT 이론은 왜 잘못된 것일까? 거듭 말하지만 세계 각국의 채무 문제는 정말 심각하다. 그리고 코로나에 의해 어떻게 해볼 수도 없을 만큼 훨씬 심각해지고 있다.

나는 '지폐를 찍어 내는 것만으로는 아무것도 해결되지 않는다'고 생각하고 있다. 무엇인가 제품을 만들지 않으면 경쟁은 불가능하다. 이익 같은 건 생각하지 않고 지폐를 계속 찍어 내고, 분별없이 공장을 지을 수 있다면 그것은 훌륭한 일일 것이다. 어쩌면 MMT 이론은 '약속의 땅'으로 보일지도 모른다.

전혀 저축하지 않고 지폐를 계속 찍어 낼 수 있다면 너무 형편 좋은 일이다. 피라미드 다단계가 아닌 한 그렇게 달콤한 이야기는 있을 수 없다.

그 증거로, 과거로 거슬러 올라가면 지폐를 대량으로 발행하고 채무를 무시한 나라는 모두 파산했다. 최근에는 아프리카의 짐바브웨 같은 나라가 바로 그 예다.

그래도 MMT 이론을 시도하는 사람들은 계속 나올 것이다. 이는 위기에 대한 가장 간단한 해결책이고 사람은 늘 그것을 찾기 때문이다.

주요국의 중앙은행은 이미 MMT 이론 같은 낙관적인 정책을 취하고 있다.

중국은 조금 다르다. 유동성 공급을 위해 자금을 쓰고 있기 때문에 다른 나라보다는 훨씬 낫다. 대다수의 중앙은행은 정책 금리를 제로나 마이너스로 내렸지만 중국은 아직 금리를 붙이고 있다. 다른 나라에 비하면 중국은 어리석고 무모한 정책을 취하고 있지 않는다고 할 수 있다.

만약 내가 세계를 지배하고 있다면 전염병이 발생했던 과거와 완전히 동일한 조치를 취했을 것이다. 그것은 '아무것도 하지 않는' 일이다.

나는 길가에서 누군가와 만났다고 해도 갑자기 악수하고 허그를 하는 일이 없다. 그 사람이 어떤 병이라도 갖고 있을 위험성이 있기 때문이다. 모두가 그 정도의 상식을 갖고 있다면 심각한 사태는 피할 수 있다.

미국의 상황을 보면 팬데믹이 초래한 사태가 심각하다는 것은 분명하다. 하지만 여러 차례 말한 것처럼 모든 것을 폐쇄하는 것은 장기적으로 볼 때 더욱 나쁜 결과를 초래할 것이다.

●
위기는 세계에
급속한 변화를 초래한다

어떤 위기가 일어날 때 세계는 더욱 빠른 페이스로 변화한다. 예컨대 최근에 나는 Zoom이나 Skype로만 해외 사람들의 인터뷰에 응하게 되었다. Skype는 이전부터 이따금 사용했는데, 최근 들어서는 이런 온라인 플랫폼을 적극적으로 사용하지 않을 수 없게 되었다.

온라인을 통한 진찰 같은 것도 가능해졌기 때문에 병원에 갈 기회도 줄어든다. 교육도 마찬가지다. 고등학교에 다니고 있는 큰딸은 코로나로 학교가 폐쇄되었기 때문에 싱가포르로 돌아와 매일 온라인으로 수업을 받았다.

예전부터 온라인 수업은 존재했지만 코로나의 영향으로 전 세계에서 이용자가 단숨에 늘어났다. 음식물의 배달 서비스 이용자도 급격하게 늘어나고 있다. 코로나 위기로 온라인 플랫폼이나 배달이 필요 불가결해져 모두가 사용할 수밖에 없게 되었다.

해외에 나갈 수 없게 된 데는 장점도 있다. 나는 다이어트에 집중할 수 있어 몸무게를 10㎏이나 줄일 수 있었다. 그리고 사랑하는 가족과 더 많은 시간을 함께 보낼 수 있다.

하지만 역시 단점이 많다. 실제로 내 눈으로 해외의 사물이나 현상을 볼 수 없게 되었다. 그리고 다른 나라에서 공부하고 있는 딸이 세계를 배울 기회를 잃었다. 그것만은 무척 안타깝다. 하지만 지난 1년을 낭비한 학생은 그녀만이 아니기 때문에 어쩔 수 없는 일이라고 생각할 수밖에 없다.

●
코로나 이후에
대도시는 쇠퇴할까

코로나로 인해 리모트 워크Remote Work가 늘어나 도시 지역에서 교외로 이주하는 사람이 늘어나고 있다고 한다. 역사적으로 봐도 도시에서 교외로 이주하는 일은 있었다. 예컨대 전쟁이 일어나면 큰 타격을 입은 도시를 탈출하는 사람들이 많았다.

제2차 세계대전 중에는 일본에서도 도시에서 지방으로 피란하는, 이른바 '소개疏開'가 있었다. 전쟁에서 패배한 나라에서는 먹을 것을 구하기 위해 교외로 이주하는 움직임이 나타난다. 또는 골드러시gold rush 등으로 수많은 사람들이 도시를 떠나는 움직임도 있었다.

과거에 이것들은 모두 단기적인 움직임이었다. 과거에는 영구적인 이주를 찾아볼 수 없었다. 코로나로 그런 움직임이 보이는 것은, 앞에서 말한 것처럼 원격 커뮤니케이션 수단이 발달했기 때문이다. 100년 전에는 교외로 이주하면 누구에게도 연락을 할 수가 없어 불편을 겪었다. 그러나 지금은 멀리서도 충분히 연락을 취할 수 있는 시대가 되었기 때문에 거리로 인한 단점은 사라지고 있다고 할 수 있다.

이번의 이주 경향이 장기적인 것이 될지 어떨지는 나도 예상할 수 없다. 하지만 내가 싱가포르에 있으면서 전 세계의 누구와도 연락을 취할 수 있기 때문에 도시 지역에 살 이유는 줄어들었을지도 모른다.

인간은 서로 협력함으로써 훌륭한 일을 해낼 수 있는데, Zoom을 통해 그것을 하지 못할 이유는 없다. 하지만 사람들이 도시에서 교외로 이주했다고 해서 도쿄나 런던 같은 대도시가 사라질까. 일단 그런 일은 없을 것이다.

다만 뉴욕 같은 곳은 세금이 많고 도시의 운영 상황이

혹독하기 때문에 쇠퇴할지도 모른다. 마찬가지로 운영이 지나치게 나쁜 대도시는 침체될 것이다. 무슨 일이 있어도 뉴욕에 살아야 할 필요성이 없어진 지금, 마이애미나 휴스턴 같은 곳으로 이주하는 사람이 늘어날 가능성은 있다.

'도시에서 교외로의 이주'와 관련된 투자에서는 Zoom의 주가가 이미 고가를 갱신하고 있다. 앞으로는 학교 교육이나 의료도 온라인으로 가능해질 것이다. 하지만 온라인 관련 종목의 대부분은 코로나 재난의 와중에서 눈 깜짝할 사이에 급등하여 이미 버블이 되었을 가능성이 있기 때문에 나는 투자를 보류하고 있다.

●

코로나 쇼크로 바뀐
나의 포트폴리오

이동이 제한되어 계속 집에 있게 되었어도 투자와 관련된 나의 사고는 전혀 바뀌지 않았다. 실제로 투자할 때는 '자신이 알고 있는 분야를 대상으로 해야 한다'고 나는 늘 말하고 있다. 하지만 집에 있을 때는 자주 운동을 하고 있기 때문에 온라인 운동 관련 주식을 산다는 이야기는 아니다. 좀 더 확실히 조사할 필요가 있다.

기회는 위기 속에서 찾아온다. 이런 상황에서 투자의 포인트는 어떤 분야나 회사가 회복하고 크게 상승할지를 판별하는 일이다. 나의 투자 기법은 '값이 쌀 것'과 '변화' 외에 아무것도 없다. 싸고 긍정적인 변화가 일어나고 있는 것을 찾아내 사는 일인 것이다.

예를 들어 이동 제한으로 관광이나 항공 분야는 큰 타격을 입었기 때문에 투자 기회가 생겨날지도 모른다. 코로나로 싱가포르의 공항이 폐쇄되었다는 사실은 알고 있다. 그리고 거기에 투자 기회가 있다는 것도 알고 있다. 그러므로 싱가포르 항공의 주식을 샀다. 공항 서비스 회사의 주식을 사도 좋을 것이다. 충분히 조사하고 확신할 수 있다면 사는 것이다. 이것이 정답인지 어떤지는 몇 년 뒤에 알 수 있다.

공항과 마찬가지로 레스토랑이나 호텔에 아무도 갈 수 없게 되었다. 그러므로 주류나 운송 회사의 주식은 폭락했다. 그래서 중국의 와인 회사(홍콩 시장에 상장된)의 주식도 샀다. 오랫동안 사고 있는 러시아 해운 회사의 주식도 더 많이 사 두었다.

나는 현재 국가로서 일본, 러시아, 중국을 주의하며 보고 있다. 미국은 이미 주가가 과거 최고가에 근접하고 있기 때문에 손을 대지 않는다. 중국 주식은 고가에서 50%, 일본은 앞에서 말한 대로 40% 이상이나 떨어져 있기 때문에 매력적이다. 일본 주식의 상장지수펀드ETF를 샀는데 이유는 일본은행의 구로다 총재가 나보다 훨씬 돈을 많이 갖고 있고 일본 주식의 상장지수펀드를 많이 샀기 때문이다. 지금은 그와 경쟁하지 않고 순순히 같은 일을 하면 될 거라고 생각하여 따라간 것이다.

　러시아는 지금 전 세계에서 미움을 받고 있는 것 같다. 하지만 나는 그런 나라의 주식을 사고 싶다. 많은 사람들로부터 미움을 받고 있다는 것은 값이 쌀 가능성이 높기 때문이다. 그러므로 러시아의 단기 채권도 갖고 있다. 미국이 제재를 가한 일로 러시아의 농업은 사실 꽃을 피우고 있다. 그리고 성장하고 있는 농업이 원유 가격의 하락을 상쇄해주고 있다.

　얼마 전에 샀던 팟케스트 전문의 미국 주식은 상승했기 때문에 최근 들어 이익 확정 매물로 내놓았다.

일본을 제외한
아시아 국가의 부동산은
이미 버블이다

부동산은 사려고 하지 않는다. 조만간 금리가 상승하면 부동산에는 부정적이다. 나는 원래 팔고 싶을 때 즉각 팔수 없는 유동성이 낮은 자산은 좋아하지 않는다. 기본적으로 지금 나와 가족이 살고 있는 집 한 채만 사서 소유할 수 있으면 충분하다고 생각한다. 물론 저항할 수 없을 만큼 매력적인 부동산이 있다면 살지도 모른다. 하지만 일본을 제외한 아시아 국가들의 부동산 가격은 대체로 버블이다. 특히 홍콩 같은 곳은 굉장히 고가를 형성하고 있어서 투자하고 싶은 생각은 전혀 없다.

아울러 **REIT**^{Real Estate Investment Trust, 부동산 투자 신탁}에 대해서도 같은 생각이다. REIT의 매력은 배당금의 높은 이율인데 금리가 올라가면 부동산 가격도 함께 내려갈 것이기 때문에 손을 대고 싶은 생각은 별로 없다.

다만 완전히 새로운 테마인 REIT가 나온다면 사도 좋다고 생각한다. 예컨대 러시아나 북한 관련, 또는 농지 관련

REIT 같은 것이 존재한다면 투자해도 좋을 것이다. 하지만 현 상황에서 매매되고 있는 REIT는 유행하고 있는 홍콩이나 싱가포르의 REIT뿐이고, 이미 고가이기 때문에 거기에는 손을 대고 싶지 않다.

일본의 REIT^{J-REIT} 같은 것도 흥미롭다. 하지만 금리가 상승하는 국면에서는 REIT의 배당이 높지 않으면 경쟁력을 잃고 만다. 그리고 주택 가격 자체도 경쟁력이 높지 않으면 안 되기 때문에 역시 매수할 마음이 들지 않는다.

다만 일본의 농업 REIT가 있다고 한다면 무척 흥미를 가질 것이다. 아울러 나보다 부자인 일본은행의 구로다 총재는 J-REIT도 산 모양인데, 나는 거기에는 응하지 않고 그의 상장지수펀드 매입에만 응하고 있는 상황이다.

●
채무 투자와 상품 투자,
실은 어느 쪽 리스크가 더 클까

지금 채권에 투자하고 있는 사람은 주의하는 것이 좋다. 채권 투자에서 가장 주의해야 하는 것은 예정대로 '이자'가

지불되고 '원금'이 상환되느냐 하는 것이다. 다시 말해 발행처의 신뢰성을 따져볼 필요가 있다는 것이다.

그리고 두 번째로 중요한 것은 금리가 상승할지의 여부다. 금리가 상승하면 새롭게 발행되는 채권의 이율은 높아지기 때문에 과거에 낮은 이율로 발행된 채권의 인기는 떨어진다. 그리고 시가가 급락할 우려도 있다.

채권 투자에서는 이렇게 발행처의 신뢰성과 금리, 이 두 가지가 굉장히 중요하다고 할 수 있다. 현 시점에서는 다양한 발행처가 채권을 발행하고 있다. 하지만 미래에 경기가 부진해지는 가운데 금리가 상승하면 대부분의 채권 평가액은 떨어질 것이다.

코로나 쇼크인 가운데 채권은 확실히 버블이 되었기 때문에 전혀 값이 싸지 않다. 만약 채권 버블이 터지면 지금껏 가장 심한 버블이 붕괴되고 수많은 사람들이 엄청난 손실을 입을 것이다. 앞에서 말한 러시아의 단기 채권 같은 특별한 경우가 아닌 한 2021년은 채권보다 주식에 투자하고 싶다.

마지막으로 남은 것이 상품commodity이다. 이것이 앞으로 상대적으로 값이 가장 싼 자산 종류다. 설탕은 최고가보다

약 80%나 하락했다. 귀금속의 경우, 2019년 여름부터 금과 은을 사고 있다. 구체적으로 말하자면 은을 많이 사고 있다. 그리고 코로나 쇼크로 매입을 더 늘렸다. 금과 은의 가격 비율을 보면 서서히 격차가 줄어들고 있지만 은 쪽의 가격이 아직 더 싸기 때문이다.

은도 지금은 상승하고 있지만 최고가보다 훨씬 낮다. 이 장에서 말한 MMT 이론이 도입되면 자산 가격의 회복으로 이들 상품이 가장 많이 상승할 것이다. 이 테마에 대해서는 제3장에서 상세히 말할 생각이다.

와인은 개인적으로 많이 갖고 있지만 투자 목적이 아니라 그저 마시며 즐기기 위해서다. 회화나 와인, 앤티크 자동차 등에 대해서는 확실히 조사해서 자신이 잘 안다고 생각하면 사도 좋을 것이다.

다만 나는 개인적으로 가치를 잘 모르는 회화보다는 시장과 시세가 정확히 있는 면화 같은 상품에 투자하고 싶다.

과열 장세 때는
어떻게 행동해야 할까

현재는 버블이 터지기 전의 과열 장세의 증상이 보기 좋게 다 갖춰져 있다. 2020년 8월의 장세가 바로 전형적이었다. 그러나 과열 장세는 아직 시작에 불과하다. 앞으로도 쭉 이어질 것이다.

지금과 같은 과열 장세 때 한 가지 좋은 투자가 있다면 콜옵션call option의 '매도'일 것이다. 왜냐하면 소프트뱅크의 손정의 같은 사람이 가격에 상관없이 콜옵션을 대량으로 매수하고 있기 때문에 가격이 지나치게 상승할 것이기 때문이다.

값이 비싼 콜옵션을 매도하면 대개는 돈을 벌 것이다. 어떤 조사에서 '옵션을 매수하는 사람은 대부분 손해를 본다'는 결과가 나왔다. 옵션을 매수하기 위해서는 프리미엄을 지불할 필요가 있고, 옵션이 행사되기까지의 시간이 한정되어 있는 것이 원인이다.

소프트뱅크가 미국 주식의 콜옵션을 매수한 일은 스캔들이라기보다 '그저 무능'하다고 하는 편이 나을 것이다.

보도되고 있는 거래를 실제로 했다면 굉장히 바보 같은 투자로, 버블 때 자주 볼 수 있는 일이다.

버블로 가격이 상승하는 가운데 초조한 나머지 매수하게 되면 대개의 경우 큰 손실을 보게 된다. 손정의도 예외가 아니다. 소프트뱅크는 미상장·상장 기업을 불문하고 도처에서 아주 무능한 투자를 하고 있는 것처럼 보인다.

1999~2000년에는 나도 이 콜옵션의 매도로 상당히 많은 돈을 벌었다. 항상 성공하는 게 아니라는 점은 고려해두어야 하는데, 강세장bull market에서 콜옵션을 매도하면 돈을 벌 가능성이 높다는 사실은 알아두었으면 한다. 어쨌든 우리는 코로나에 의해 가속화된 세계의 과열 장세와 좀 더 함께할 필요가 있는 것 같다.

다음 장에서는 그런 상황에서 내가 지금 주목하고 있는 세계의 국가와 지역의 과거를 보며 그 미래와 돈의 움직임에 대해 보기로 한다.

제2장

포스트 코로나의
패권을 쥘 나라는
여기다

Jim Rogers

과거에 여러 번 패권을 쥔 나라는
중국밖에 없다

내가 처음으로 중국에 간 것은 1980년대의 일이다. 어렸을 때부터 미국의 프로파간다에 의해 '중국인은 모두 무섭고 악질이며 위험하다'고 배우며 자랐다. 그 때문에 당시에는 현지에 가는 것이 무척 두려웠다는 사실을 기억하고 있다.

1984년에 베이징 수도 국제공항에서 처음으로 비행기에서 내렸을 때 당장이라도 흉포한 공산주의자가 나타나 때려죽이는 게 아닐까 생각했을 정도다. 그러나 사실 그런 일은 전혀 없었다. 그 뒤 여러 번 중국을 여행했다. 그런데 그때마다 잠자는 용이 깨어날 징조가 확실히 보였다.

그래서 알게 된 것은, 중국인은 고대의 풍습이나 역사를 소중히 하고 그것을 아이들에게 계승하게 하는 문화적인 사람들이라는 사실이다. 또한 국민은 야심적이고 노력가이며 돈을 꾸준히 모은다는 사실이다.

결코 미국을 비롯한 서양 국가들에서 보도되는 것처럼 질이 나쁜 사람들일 리가 없는 것이다. 중국을 여행할 때마다 잠에서 깨어난 용이 점점 성장하고 있다는 것을 알 수 있었다.

과거에 세계에서 세 번, 네 번 패권 국가였던 나라는 중국밖에 없을 것이다. 여기서 말하는 패권이라는 것은 세계를 압도하고 가장 성공하는 일이다. 역사책을 펴서 읽으면 영국, 로마, 이집트는 딱 한 번 패권 국가가 되었다.

일본도 한 번은 '일등 국가 일본Japan as Number One'*으로 불린 시대가 있었다. 하지만 중국이 과거에 여러 번 이룩한 패권

---

* 1979년 미국 하버드대 교수 에즈라 보겔이 일본에서 2년을 보낸 뒤《일등 국가 일본(Japan as Number One)》을 썼다.

과는 비교할 것이 못된다.

1978년 덩샤오핑鄧小平이 "우리는 새로운 것을 시도하지 않으면 안 된다"고 단언하며 350년쯤 침체되어 있던 중국을 개국한 것이 모든 것의 시작이었다. 이 개혁 개방 정책 뒤 중국은 장기간에 걸친 국가 통제의 멍에를 벗고 스스로 자본주의적 노선을 선택하게 되었다.

그로부터 6년 뒤 중국을 여행했을 때 그곳은 이미 비약적인 성장을 이루고 있었다. 나는 '이 나라야말로 21세기에 가장 중요한 국가가 될 것이다'라고 느꼈다. 표면적으로는 공산주의자를 자처하고 있다고 해도 중국인이야말로 앞으로 20년 동안 가장 뛰어난 자본가가 될 것으로 확신하고 있다.

미국으로 돌아온 나는 텔레비전이나 미디어에서 중국에 대해서만 이야기하여, 주변에서는 "중국이 아니라 일본이 잖아"라며 추궁 받았던 일을 기억하고 있다.

당시의 일본은 전 세계 사람들이 동경하는 나라, 바로 버블의 절정기였기 때문이다.

닫히는 세계 안에서
무역 전쟁이 격화한다

나는 1980년대 후반에 이미 버블이었던 일본 주식을 공매도하고 있었다. 주위 사람들은 나의 관점을 '어리석다'며 비판했지만 그 당시부터 중국의 급성장은 이미 일어나고 있었던 것이다.

개혁 개방 정책 뒤 정부의 난폭한 금융정책으로 인한 인플레이션으로 생활이 힘들어진 것을 계기로 1989년 천안문 사건이 일어났다. 그것을 서방 미디어가 격렬하게 항의하는 보도를 계속하고, 패닉에 빠진 중국 정부가 외국에 문호를 닫고 많은 것을 보여주지 않는 사태로 발전했다. 그래도 중국 경제는 계속 좋은 방향으로 움직였으며 금융이나 재정 방면에서도 완화가 진행되어 다시 일어서고 있었다.

내가 보도에서 이해한 바에 따르면 최근 중국은 다시 쇄국으로 향하고 있는 것처럼 보인다. 물론 어떤 정보를 받아들일지는 주의하지 않으면 안 된다. 어느 나라의 보도에도 프로파간다가 들어 있을 가능성이 있기 때문이다. 애초에 보도하는 저널리스트들은 역사나 지리 등에 대한 지식이 부족한 경우가 많아 표면적으로 보도할 수는 있지만 실제로 세계에 무슨 일이 일어나는지 알고 있는 경우는 드물다.

그렇다 하더라도 최근의 중국은 이전보다 나라를 닫고 있는 것이 분명하다. 역사상 이런 개국과 쇄국은 여러 번 되풀이되고 있다. 예를 들어 19세기에 중국은 한 번 개국했지만 20세기 초에는 다시 쇄국의 길을 걸었다.

그리고 지금, 중국과 마찬가지로 미국과 유럽의 많은 나라들이 쇄국을 시작하고 있다. 일본도 그렇다. 이는 과거에 여러 차례 일어난 일로, 세계에는 결코 좋은 일이 아니다. 하지만 사람들은 때로 그것을 선택한다.

전쟁과 마찬가지로 누구에게나 좋은 일이 아니지만 전쟁이 없어지는 일이 없는 것처럼 쇄국도 없어지는 일은 없을 것이다. 지금 세계적으로 여러 나라들이 문을 닫기 시작하고 있다. 이는 세계 경제에 악영향을 끼칠 거라고 나는 예상하고 있다.

무역 전쟁이 심해지는 가운데 중국은 나름대로 차분한 행동을 취하고 있는 것 같다. 이는 그들이 코로나 사태에 제대로 대처하고 있기 때문인지도 모른다.

내가 중국의 대표였다면 "트럼프 대통령, 당신의 미친

무역 전쟁 게임에는 참가하지 않겠소"라고 말했을 것이다. 물론 그런 말을 하는 것은 어떤 정치가에게도 어려운 일이 겠지만 말이다.

그리고 지금의 한국과 일본의 논쟁을 봐도 "당신들은 왜 그런가" 하고 묻고 싶어진다. 왜 함께 힘을 합쳐 세계를 바꿔보려고 하지 않는가. 역사를 돌아보면 정치가는 항상 일이 제대로 진행되지 않을 때 타국을 비난한다. 하여간 정치가는 옳은 선택을 할 수 없는 존재다.

나는 특별히 지금의 정치가에 대해 항의하는 것이 아니다. 역사는 항상 되풀이되고 있다는 사실을 말하고 있을 뿐이다. 타국을 비난하는 것은 간단하다.

타국 사람들은 언어, 식문화, 머리색, 피부색, 종교 등 모든 것이 다르다. 그러므로 타국 사람에 대해 "그들은 냄새가 고약하다"고 말하기도 한다. 그리고 그들의 음식도 냄새가 지독하다고 말한다. 몇 번이고 이런 발언을 들어왔다. 뭔가 나쁜 일이 일어날 때 외국인 탓으로 돌리는 것은 가장 간단한 방법이다. 세계 나라들의 쇄국 경향은 앞으로 수십 년 이어질 것이다.

시진핑 정권의 쇄국 정책은
무엇을 초래할까

19세기는 영국, 20세기는 미국, 이렇게 어떤 시대를 돌아봐도 반드시 누군가가 패권을 장악해왔다. 과거에는 스페인, 프랑스, 포르투갈이 세계를 압도한 일도 있다. 그리고 중국은 몇 번이나 세계의 정상에 올랐다.

예컨대 1000년에 중국의 철 생산량은 이미 산업혁명이 한창이던 영국의 철 생산량을 웃돌았다. 산업혁명이 일어나기 800년이나 전인데도 말이다. 그때 중국이 세계의 패권을 쥐고 있었다. 그들은 콜럼버스보다 훨씬 먼저 아메리카 대륙을 발견하여 개척하고 있었다고 한다.

하지만 당시 중국의 황제가 외국인은 좋지 않다, 국제화도 좋지 않다, 라고 해서 배와 지도를 태워버렸으며 해군을 철폐하고 쇄국을 선택했다. 그러고 나서 중국은 침체되었다.

역사적으로 쇄국을 선택한 나라는 모두 침체를 경험해왔다. 하지만 그것이 얼마나 바보 같은 선택이었는지 알고 있어도 사람은 같은 일을 되풀이하는 법이다. 또는 국민의 감정을 억제하기 위해 쇄국을 선택하지 않을 수 없다.

지금 그런 역사가 되풀이되려 하고 있다.

빈곤에 허덕이고 있던 중국을 단숨에 개국한 덩샤오핑은 정말 머리가 좋고 세계에서도 드물게 볼 만큼 훌륭한 지도자였다. 그 정도의 인물은 좀처럼 찾아볼 수 없을 것이다. 그리고 그 뒤의 지도자들도 무척 현명하고 세계를 잘 이해하고 있는 사람들이었고, 중국 경제의 부흥을 위해 정말 멋진 일을 해왔다.

하지만 지금 중국을 이끌고 있는 시진핑習近平 국가주석은 점점 나라를 폐쇄적으로 운영하고 있는 것으로 보인다. 확실히 경제적인 부분 등 개방하고 있는 부분은 있고 냉정한 대응을 하고 있는 면도 있다. 하지만 반대 방향으로 향하고 있는 점이 많다. 만약 시진핑이 덩샤오핑만큼 능력이 있는 인물이라면 쇄국적인 나라가 되어도 중국의 미래는 밝을지 모른다. 10년 뒤에 이 시점을 돌아보고 싶다.

●

홍콩은 중국의
일부인 편이 좋다?

홍콩은 70년 전 인구가 현재의 4분의 1쯤으로, 아무도 마음에 두는 지역이 아니었다. 그러나 1949년 중국에서 공산혁명이 일어나자 홍콩은 세계에 중국으로 가는 가교 같은 장소로 인식되었다.

예전에 해외에서 중국에 투자하고 싶다고 생각하면, 유일한 루트는 홍콩이었다. 당시의 중국은 제조업 등 온갖 물건이 극단적으로 쌌다. 너나없이 중국과 비즈니스를 하고 싶어 하는 상황은 아니었다. 그래도 흥미를 가진 사람이 많았는데, 만약 투자를 하고 싶다면 홍콩을 경유할 수밖에 없었다.

마오쩌둥毛澤東이 중국을 쇄국한 일로 홍콩이 급격하게 성장했다는 것은 틀림없는 사실이다. 활기차고 근사한 국제도시가 되었다. 하지만 1997년에 영국이 홍콩을 중국에 반환했을 때의 조약에는 '국가안전보장법을 시행하지 않으면 안 된다'고 쓰여 있었다.

국가안전보장법 같은 법률은 세계 어느 나라에나 존재

한다. 미국, 싱가포르, 일본에도 있다. 그리고 국가안전보장 법이 도입되지 않았다면 중국이 도입할 거라고 명기되어 있었다. 실제로 홍콩이 시도했으나 실시할 수 없었다.

그러므로 베이징은 "할 수 없다면 우리가 할 것이다"라고 말했다. 그러나 영국은 "중국의 국가안전보장법은 너무 엄격하다"고 비판했다. 수많은 사람들은 이를 계기로 홍콩을 독립시키고 싶다고 생각한다.

나는 홍콩 사람도 중국 사람도 아니기 때문에 이 문제에 대해 특별한 의견이 없다. 하지만 홍콩은 독립하는 것이 좋을까, 중국의 일부인 편이 좋을까, 하고 묻는다면 "중국의 일부인 편이 좋을 것이다"라고 대답한다.

하지만 이는 당사자들이 결정할 일이다. 지금의 정세에 서는 미국이 중국을 공격하고 있고, 그것을 나라의 프로파 간다로서 이용하고 있다. 중국은 거기에 반격하고 있다. 모든 것이 어리석은 짓이다.

조약에는 홍콩을 반환하면 중국의 일부라고 쓰여 있었다. 애초에 예전의 홍콩이 성장한 것도 중국 덕분이다. 그럼에도 불구하고 이제 와서 불평을 하며 남 탓을 하고 있다.

세계가 홍콩 문제로 전쟁을 하게 된다면 굉장히 유감스

러운 일일 것이다. 하지만 과거에도 사소한 일로 전쟁이 일어났다. 그리고 막상 전쟁이 시작되면 원래의 이유 같은 건 잊히고 만다. 홍콩이 지금 불씨가 되고 있는 것은 확실하다. 하지만 몇 년 뒤에도 이렇게 긴박한 상태가 여전히 계속될지 어떨지 나는 예상할 수 없다.

●
20년 뒤를 생각한다면 미국 달러보다 위안화를 선택할 것이다

확실한 것이 있다고 한다면, 중국 대륙에 대한 투자 요청은 앞으로도 계속될 거라는 사실이다. 지금의 중국 정부는 강하고 개방적인 나라를 만들려 하고 있다. 애초에 제2차 세계대전 전에는 상하이가 세계 2위의 금융 허브 도시였다. 그러나 그 뒤 전쟁과 마오쩌둥에 의해 상하이는 그 지위를 따라잡히고 말았다.

그러나 다시 상하이의 시대가 도래할 것이다. 지금은 홍콩의 장점이 사라지고 중국은 본토에 투자를 요청하고 싶어 할 것이다. 그리고 그것을 실현시킬 것이다. 현 시점에 중국의 화폐인 위안화는 관리통화여서 해외에서 자유롭게 투자할 수 없다.

하지만 중국이 해외로부터의 투자를 자유롭게 하면 홍콩은 필요하지 않게 된다. 두 가지 통화를 계속 사용하는 것은 나라에 비용이 너무 많이 들기 때문에 홍콩 달러는 위안화로 변환되고, 머지않아 중국의 금융 허브는 본토로 옮겨 갈 것이다.

상하이는 물가가 높은 홍콩을 대신하여 허브로 복귀할 것이다. 최근에는 영국이 홍콩 시민에게 특별 비자를 제공한다고 하지만, 홍콩에서 폭동을 일으키고 질서를 어지럽힌 사람들이 영국으로 이주하면 홍콩은 다시 평화로운 곳이 될지도 모른다.

그렇게 되면 홍콩은 다소 매력적인 장소가 될 것이다. 그러나 폭동을 일으킨 사람들이 남으면 홍콩은 도시로서의 매력을 더욱 잃는다. 폭동이라는 불확정 요소가 있는 한 사람의 유출은 피할 수 없다.

어쨌든 위안화를 자유롭게 거래할 수 있게 되면 홍콩은 필요하지 않게 되고 원래의 모습이 아니게 될 것이다. 폭동으로 건물이 파괴되어도 원래의 어촌으로 돌아가는 일은 없겠지만, 우리가 알고 있는 활기찬 도시가 아니게 되는 것만은 분명하다.

만약 현 시점에 나의 전 재산을 미국 달러나 위안화 중 하나로 변환하라고 한다면 미국 달러를 선택할 것이다. 위안화는 자유 통화가 아니기 때문이다. 그러나 가령 어느 쪽 통화도 앞으로 20년 동안 자유롭게 교환할 수 없다는 동일한 조건이라면 위안화를 선택할 것이다.

●
위안화가 자유 통화가 되면
위안화는 일시적으로 약세가 된다

위안화는 언제쯤 자유롭게 거래할 수 있게 될까. 2005년에 중국은 금융과 통화를 자유화한다고 선언했다. 그로부터 이미 15년이 지났지만 그다지 진전되지 않았다. 20년 전에 비하면 나라 자체는 대폭 개방되었다. 하지만 지난 15년 동안 국가가 관료적이 되었기 때문에 '새로운 일에 도전하고 싶지 않다'는 마인드가 생겨나 진전을 방해하고 있는 게 아닐까.

위안화를 다른 통화와 자유롭게 교환할 수 있게 하기 위해서는 우선 온쇼어onshore와 오프쇼어offshore*를 동일한 통화로 해야 한다. 홍콩 달러는 위안화가 자유롭게 거래될 때까지는 존재하겠지만 그 이후에는 사라질 것이다.

위안화가 자유롭게 거래되기 전에 홍콩 달러를 없애면 그 순간 홍콩의 경제 시장은 붕괴될 것이다.

다만 온쇼어와 오프쇼어의 위안화가 동일한 통화가 되어도 홍콩 달러가 그다지 움직일 리는 없다. 현존의 환율로 단지 위안화로 변환하면 될 뿐이기 때문이다.

관료는 통화의 변환을 두려워한다. 그 변화로 자신의 일이 위험해질지도 모르기 때문이다. 그들에게는 현상 유지가 딱 좋은 것이다.

그리고 변환을 저지하는 변명으로서 "사악한 글로벌 투자가가 우리 통화를 팔아 치운다"라고 한다. 사실 통화를 팔아 치우는 사람들이 찾아올지도 모른다. 하지만 그런 사람들은 옛날부터 존재했고, 최종적으로 그래도 나라가 없

---

* 여기서 온쇼어는 중국 내, 오프쇼어는 홍콩을 포함한 중국 밖을 의미한다.

어지는 것이 아니라 세계는 변함없이 계속 돌아간다. 그런 유의 매도자는 단기적인 사람들뿐이다.

최근에는 홍콩 달러의 고정환율제dollar peg system 해소로 위안화도 위험해진다는 이야기를 듣는다.

향후 5~10년 위안화의 가격 추이는 어떻게 될까.

위안화가 다른 통화로 변환할 수 있게 되면 최초로 중국에서 자금을 내보내고 싶어 하는 사람들의 많은 매도를 볼 수 있을 것이다. 즉 위안화는 약세가 될 것이다. 하지만 그것은 단기적인 것이고, 이후에는 나처럼 중국에 투자하고 싶은 사람들이 쇄도할 것으로 예측된다.

외국인도 중국에 자유롭게 투자할 수 있게 되면 나는 중국 주식을 더 많이 사고 싶다. 나는 어디까지나 금융시장에서의 투자가이기 때문에 공장이나 농지에 손을 댈 생각은 없다. 제1장에서 말한, 코로나 쇼크 뒤에 구입한 중국의 와인회사 주식은 외국인이 투자할 수 있는 B주*였기 때문에

---

* 외국인 직접 투자가 가능한 주식이다. 상하이와 선전深圳거래소에 상장한 중국 기업의 주식을 거래하는데 상하이거래소에서는 달러화, 선전거래소에서는 홍콩 달러로 거래한다. 참고로 A주는 외국인의 직접 투자가 불가능하고, 두 거래소에서 위안화로 거래한다.

간단히 구입할 수 있었다. 중국 시장이 개방되면 더 많은 종목을 살 수 있을 것이다.

중국의 채권 시장에도 흥미가 있는데, 채권에 대해서는 서서히 개방되고 있다.

그리고 상품 시장도 무척 매력적이다. 다롄大連 시장의 대두 선물 거래량은 이미 미국의 시카고 상품거래소보다 많다. 시카고 상품거래소가 대두 선물의 발명자인데도 불구하고 그렇다. 하지만 유감스럽게도 다롄 상품거래소는 아직 외국인이 접근할 수 없다.

●
10~15년 뒤에 미중 전쟁은
피할 수 없다

침체되어 있는 패권국가와 활기에 가득 차 있는 패권국가가 충돌할 때는 전쟁을 피할 수 없었던 경우가 역사적으로 여러 차례 있었다. 우리는 "전쟁이라니, 정도가 너무 심하잖아"라고 말할 수는 있지만, 나라의 정세가 악화되면 외국인이 책임을 지게 되고 총격전의 전쟁이 발발하기 십상이다.

전쟁은 사소한 이유에서 시작된다. 이미 무역 전쟁은 시작되었고, 그것이 언젠가 총을 사용하는 전쟁으로 확대될 가능성이 있다. 이미 미국과 중국 사이에는 증오와 적대 의식까지 싹텄다.

중국에 대한 미국의 최근 발언을 들으면 귀를 의심할 정도로 심한 내용이다. 하지만 중국 측의 반응은 지금으로서는 의외로 냉정하다. 다만 미국에서 몇 번이고 안면에 계속해서 직격타를 날리면 중국도 계속 가만히 있을 수는 없을 것이다.

그러므로 이미 미중 전쟁은 시작되었다고 해도 과언이 아니다. 내가 가장 걱정하는 것은 10~15년 뒤에 각국 정부가 "상대는 아주 심한 놈들이다, 당장 죽여라"라고 말할지도 모른다는 점이다.

두려운 것은, 코로나 쇼크가 일어난 2020년에 서로에게 했던 심한 말이 전쟁의 원인이 될 수 있다는 점이다. 단계적으로 확대되어가는 과정에서 선전포고가 있을지도 모른다. 하지만 그때는 이미 총격이 시작되었을 것이다.

미국이 베트남 전쟁을 시작한 이유가 완벽한 날조였다

는 사실을 이제야 알게 되었다. 이라크 전쟁에서도 마찬가지로 미국은 "이라크가 대량살상무기를 보유하고 있다"는 거짓 이유로 공격을 개시했다. 베트남 전쟁에서는 정식 선전포고가 없었을지 모르지만 의회에서 의결하기는 했다. 이라크 전쟁은 정식 선전포고를 하고 시작된 것이 아니었다. 이번에도 중국과의 전쟁이 일어나기 전에 의회에서 한 의원이 강력하게 주장하여 전쟁으로 가는 의회 결의를 하지 않을까. 나는 그렇게 예상한다.

"중국 동영상 애플리케이션 TikTok을 추방한다"는 미국의 발언은 솔직히 전쟁을 시작했다고밖에 생각할 수 없다. 10대 아이들을 위한 서비스를 트집 잡아도 어쩔 수 없는 일 아닌가. 그리고 아이들이 무슨 일을 하든 상관없지 않은가. 미국은 이런 종류의 테크놀로지에 뒤처졌기 때문에 정치를 이용하여 테크놀로지 경쟁을 할 수 있게 하고 있다고밖에 생각되지 않는다.

흑인 차별에 대한 분노는
경기 침체의 증거이기도 하다

뭔가 일이 제대로 진행되지 않으면 인간은 곧 책임을 전가할 표적을 찾는다. 미국의 차별주의가 좋은 예다. 이는 수백 년 전부터 뿌리를 내렸고, 특히 흑인 차별이 심한 것은 틀림없는 사실이다.

지난 100~150년 동안 차별주의는 서서히 개선되었으나 아직도 계속되고 있다. 그러던 중 조지 플로이드 사건이 발생했다. 동영상을 본 사람도 많겠지만 나도 그 남성에게 일어난 일은 가혹한 일이라고 느꼈다.

모두가 분노하는 것도 이해할 수 있다. 그런데 이미 코로나로 다양한 사람들이 일자리를 잃고 살 집도 잃었다. 그렇게 힘든 일이 일어나고 있는 상황이라 그 분노에도 박차가 가해졌다.

역사적으로도 생활이 힘들어지는 사람들은 밖으로 나가 항의 데모를 한다. 트럼프는 "정부의 건물을 태우지 마라"고 하지만 일부 사람들은 정부로 간주되었다고 주장하며 건물을 태워 보복을 한다.

경기가 침체된 지금이기에 흑인 차별에 대한 분노가 폭발하는 것이다.

이것이 현재 미국에서 일어나고 있는 일의 실태다. 이런 문제에 대해 트럼프가 좋은 일을 하고 있다고 누가 생각하겠는가. 트럼프 본인 외에 누구도 그가 잘 대처하고 있다고는 말하지 못할 것이다. 트럼프는 자신이 하고 있는 일이 "모두 훌륭하고 정답이다"라고 말하지만 결과적으로는 많은 사람들은 그가 대응에 실패했다고 생각할 것이다.

●
미국의 대통령 선거 다음 해는
주의할 필요가 있다

2020년 11월 4일, 미국 대통령 선거가 치러졌다. 민주당의 조 바이든과 공화당의 도널드 트럼프가 2016년의 힐러리 클린턴과 트럼프의 대결을 상기시키는 대접전을 펼쳤다. 애초에 인생에서 내가 투표한 사람이 대통령이 된 일은 한 번도 없다. 하지만 나는 2016년에는 트럼프의 승리를 예측했고 또 적중했다. 선거 전에 그런 이야기를 했더니 가족은 분노했다. 그렇다고 내가 트럼프에게 투표한 것은 아니다.

올해는 미국에서 120년 만의 높은 투표율이라고 하고, 전 세계가 선거 결과를 마른침을 삼키며 지켜보고 있었다.

투개표가 시작되기 전의 주식시장은 이미 바이든의 당선을 예측한 움직임을 보이고 있었다. 나는 여론조사보다 시장을 더 신용할 수 있다는 생각을 갖고 있으며 그 시장이 바이든의 승리를 상정하고 있었다는 것이다. 바이든은 트럼프 정권의 감세를 폐지하고, 기업이나 부유층에 대한 증세를 공약으로 내걸었다. 보통은 경제에도 시장에도 증세는 걱정하는 재료다.

시장의 입장에서 보면 바이든은 그리 탐탁하지 않다. 그리고 미국은 오랫동안 장기적인 약세장을 경험하지 않았고, 그런 상태가 이렇게까지 오래 지속된 일은 과거에도 그 예를 찾아볼 수 없다. 다시 말해 다가올 약세장이 대폭 늦어졌기 때문에 그것이 도래했을 때는 내 인생에서 경험한 적이 없는 최대급의 약세장이 될 것이다. 트럼프라면 그것을 늦추는 키잡이가 되겠지만 바이든 정권에서는 1, 2년 안에 약세장이 찾아올 수 있다.

역사적으로 봐도 대통령 선거에서 지출이 많아진 그 이듬해에는 아무 일이 없어도 경기가 식는 일이 많다. 주의할 필요가 있다.

●
미국 달러는 기축통화의 지위를
계속 유지할 수 있을까

나는 미국의 정치나 장래에 대해 무척 비관적이다. 하지만 아직도 대량의 미국 달러를 보유하고 있다. 미국의 중앙은행은 대량의 달러를 찍어 내고 있고, 다른 나라의 중앙은행도 마찬가지다. 중국이나 일본에 비하면 미국이 더욱 금융완화를 하고 있기 때문에 달러의 환율은 수정되고 있다.

내가 왜 달러를 계속 보유하고 있을까. 전 세계의 투자가는 미국 달러를 안전 자산으로 보고 있고, 앞으로도 달러의 세계적인 지위는 당분간 지속될 거라고 생각하기 때문이다. 문제가 발생했을 때 사람들은 더욱 안전한 피난 장소를 찾는다. 그것이 미국 달러인 것이다.

코로나 쇼크가 발생한 뒤에 대부분의 통화에 비해 달러

의 가치가 높아진 것이 그 증거다. 물론 장기적으로 보면 문제도 있다.

가장 큰 문제는 첫머리에서 말한 대로 미국이 세계 시장 최대의 채권국이라는 점이다. 그래도 유사시에는 아직 많은 사람들이 달러를 산다. 잘못된 통화를 가지고 있으면 많은 자산을 잃을 가능성이 있기 때문이다. 그러므로 지금은 나도 달러를 팔아 치울 생각이 없다. 다만 20년 뒤까지 그런 상황이 계속될 거라고는 생각하지 않는다.

●
만약 전쟁이 일어나면
예금은 봉쇄된다

세계에서는 이미 전쟁의 전조라고도 생각되는 터무니없는 일이 일어나고 있다. 1941년에는 미국에 의해 일본의 해외무역이 거의 불가능한 상황에 빠졌다. 그래서 일본인은 진주만을 공격하기에 이르렀고, 나중에 히로시마와 나가사키에 원자폭탄이 투하되었다. 지금은 일본의 진주만 공격이 미국의 수입 규제에 대한 잘못된 반응이었다고 말하지만,

당시의 일본인은 무역 규제를 선전포고라고 믿었다.

대규모 공격이 시작되기 전에는 작은 적대 행위가 축적되어 있는 것이다. 이미 작은 사건이 시작되었고, 세계에서 외국인에 대한 증오가 팽창하고 있다.

제2차 세계대전 때 독일의 정치가였던 요제프 괴벨스 Joseph Goebbels, 1897-1945는 확실히 천재였다. 그는 같은 것을 몇 번이고 되풀이하여 전하면 국민 대부분은 잘못된 것이라도 믿게 된다고 주장하며 아돌프 히틀러에게 접근하여 나치의 프로파간다를 널리 보급시킴으로써 나치당의 세력 확대에 공헌했다.

만약 전쟁이 일어난다면 자산은 안전 통화로 넣어 두어야 한다. 봉쇄될 가능성이 있는 나라의 통화는 보유해서는 안 된다. 전쟁 때는 정부가 자국의 금융 자산과 통화를 봉쇄(다른 통화나 해외로 송금 불가능)하는 경향이 있기 때문이다.

1970년대에 내가 월가에서 경력을 시작했을 때 미국 시장에 투자하고 있는 스위스 사람이 있었다. 1970년대는 누구나 미국에 투자하고 싶어 하는 시대였다.

그는 캐나다를 경유하여 미국 시장에 투자하고 있었다. 제2차 세계대전 중 미국은 동맹국을 포함하여 모든 자산을 동결했기 때문이다. 영국인이든 독일인이든 미국에 있는 계좌가 동결되었던 것이다.

하지만 캐나다의 은행은 달랐다. 적국인 독일인의 자산도 자유롭게 거래할 수 있었다. 물론 1970년대는 미국에 직접 투자하고 있어도 계좌가 동결되는 일은 없었다. 하지만 과거의 역사를 생각하여 조심성이 많은 그 스위스 사람은 국제 투자를 하고 싶은 경우 반드시 캐나다를 통해서 했다.

자산이 봉쇄되면 통장 명세에 자산액은 실려 있지만, 그것을 해외로 송금할 수 없게 된다. 어쩌면 그 나라 안에서는 뭔가 구입할 수 있을지 모른다. 하지만 밖으로 보낼 수는 없는 것이다.

결론적으로 전쟁이 발발했을 때 예금이 봉쇄될 것 같은 나라에는 자금을 두고 싶지 않다. 전쟁 중에는 자산 가치가 내려간다. 예금 봉쇄를 한 나라가 이기면 자산 가격이 돌아올지 모르지만, 승자인 나라에 투자하지 않았다면 의미가 없다. 중립적인 나라, 또는 전쟁과 관계없는 나라에 자산을 두어야 한다.

지금이야말로 자산을
해외로 분산해야 한다

전쟁이 일어나지 않았다고 해도, 일본에서도 은행 계좌의 봉쇄 리스크는 충분히 존재한다. 나라의 채무가 폭발적으로 증가하고 인구 감소에 제동이 걸리지 않는 가운데 일본에는 다양한 위기가 상정되기 때문이다. 일본 정부는 나라를 지배하고 싶어 하고 국민은 정부에 따르는 경향이 있다.

일본 국민은 다른 나라에 비해 정부가 하는 말을 잘 따른다. 정부는 무슨 일을 할 때마다 "이것은 당신을 위해서다. 그리고 일시적이다"라며 안심시키려고 한다.

앞으로 방대한 채무가 정말 위기적 상황으로까지 빠졌을 때 일본에서 당신의 금융자산이 동결될 가능성은 충분히 생각할 수 있다. 그리고 예금이 봉쇄된 경우 자금은 밖으로 가지고 나갈 수 없게 된다. 자금이 동결된 나라는 그 뒤에도 정체되고 성장할 수 없게 된다.

미국 등에서는 은행이 파산하면 계좌 자산의 대부분이 보호된다는 법률이 가결되었다. 하지만 일본에서는 은행이 자금을 가져갈 날이 올지도 모른다.

만약 나의 부모가 예전에 그랬던 것처럼 당신의 부모가 일본의 한 지방에 살면서 열심히 일했다고 하자. 만약 그런 사람들이 "우리도 계좌를 옮길 수 없게 되기 전에 해외로 계좌를 옮기고 싶다"는 사태가 벌어진다면 이미 최하의 바닥시세다. 그런 상황은 절대 일어나지 않는다고 말할 수 없고, 수십 년 뒤에는 충분히 일어날 수 있다. 그러므로 국외로 자산을 분산하는 것을 꼭 권하고 싶다. 해외로 옮기면 자산 방어만이 아니라 국내에서 볼 수 없는 다양한 투자 상품을 만날 수 있고, 그것은 큰 기회가 되기도 한다.

●
2021년에 도쿄 올림픽은 개최해야 할까

나는 일본 주식의 상장지수펀드를 보유하고 있다. 제1장에서 말한 대로 일본은행이 구입했고, 구로다 총재는 나보다 훨씬 자금력이 좋기 때문에 순순히 그들을 따라가려고 생각한 것이다. 대량의 지폐를 찍어 내고 있는 일본은행의 행동은 채무 증가로 이어져 나쁜 결과가 기다리고 있을 테지만 그들이 이 정책을 계속하는 한 나도 함께 계속 살 생각이다.

물론 일본 주식은 미국 주식이나 중국 주식보다 언더퍼폼underperform*이지만 일본은행이 구입을 그만둘 때까지 보유하고 있을 생각이다.

코로나 바이러스에 대한 일본의 대응이 옳은지 아닌지를 판단하기 위해서는 경기를 보면 될 것이다. 일본은 다른 나라에 비해 경기 회복이 둔화되고 있는 것처럼 보인다. 하지만 해외 도항이 제한되어 있는 지금 내가 취득할 수 있는 정보는 모두 미디어에서 흘러나온 것이기 때문에 모든 것을 단언하기란 어려운 일이다.

평소처럼 현장에 갈 수 없는 것이 답답하지만 보도로 아는 한 아베 전 총리의 코로나 대응은 좋지 않았다. 미국과 유럽의 여러 나라들처럼 모든 경제를 닫지 않았던 것은 평가할 수 있지만, 예컨대 타이완처럼 재빠른 대응으로 감염 확대를 억제했다면 경제가 좀 더 활발해졌을 것이다.

---

* 일정 기간의 주가 상승률이 평균을 밑도는 것.

덧붙여서 말하자면 타이완은 현재 여성인 차이잉원蔡英文 총통이 이끄는 나라인데, 타이완 외에도 뉴질랜드나 독일 등 여성 지도자들의 코로나에 대한 대응은 일본의 아베 전 총리나 미국의 트럼프 대통령에 비하면 훌륭해 보인다.

다만 그럼에도 불구하고 나는 이들 여성 지도자들 나라의 주식은 보유하고 있지 않다. 현재 각국의 금융시장은 그 경제 상황과는 크게 동떨어져 있다. 세계의 중앙은행이 과거에 이만큼의 양적 완화를 한 적이 없기 때문이다. 다시 말해 지금은 나라의 경제 상황을 보고 주식시장에 대한 투자를 할 수 없는 상황에 빠져 있기 때문에 단기적으로는 각국에 대한 연구를 해도 그다지 의미가 없다.

요컨대 지금 미국 주식이 고가를 갱신하고 있어도 그것은 미국의 실물 경제와는 전혀 관계가 없다는 뜻이다. 그러므로 나는 현재 일본의 코로나 대응이나 경기를 기준으로 일본 주식의 상장지수펀드 투자에 대한 판단을 하고 있지 않다. 순수하게 일본은행이 나날이 대량의 상장지수펀드를 구입하고 있는 것을 이유로 나도 사고 있을 뿐이다. 미국의 중앙은행도 마찬가지로 대량의 지폐를 발행하고 있기 때문에 미국 주식은 상승하고 있다. 단지 FRB연방준비이사회가 주식을 사고 있지 않기 때문에 나도 투자하고 있지 않다.

도쿄는 2021년으로 연기된 올림픽을 개최해야 한다고 생각하지만, 개최한다고 해도 영향은 단기적으로밖에 전망할 수 없다. 과거의 예를 봐도 올림픽이 중장기적으로 개최국에 긍정적인 변화를 초래한 일은 없기 때문이다.

올림픽이 국가의 펀더멘털즈fundamentals를 바꾼 적은 한 번도 없다. 관광, 숙박, 버스회사 등의 수익은 몇 주만 오른다. 그러나 수입收入이 증가한 것보다 스타디움 건설 등에 필요했던 채무가 압도적으로 더 많다. 일본도 마찬가지일 것이다.

일본은 항상 성실하게 최선을 다하고, 무슨 일이든 세계 기준으로 하려고 한다. 다만 그것을 실현하기 위해서는 대량으로 자금을 투입하지 않으면 안 된다. 코로나 쇼크가 없었고, 그래서 2020년에 예정대로 올림픽이 개최되었다고 해도 부채를 처리할 만큼의 수입은 없었을 것이다. 그런데 연기되어 수입은 더욱 떨어질 것이다. 올림픽 같은 것으로 큰 경제 효과를 기대하는 것 자체가 애초에 크게 잘못된 것이다.

워렌 버핏은
왜 일본의 상사 주식을 샀을까

2020년 오랜만에 일본의 총리가 바뀌었지만 내가 알고 있는 한 스가 총리는 아베 전 총리와 전혀 다르지 않다. 그들 사이에서 의견의 차이가 있다는 것을 나는 들어본 적이 없다. 이전부터 일본의 정책에는 전혀 변경이 없다고 생각하고 있었다. 일본에는 엄청난 변화가 필요하지만 이번 정권에 그것은 기대할 수 없다.

다만 내가 일본의 상장지수펀드를 사는 자세에는 전혀 변화가 없다. 반대로 더 많이 사는 것을 검토하고 있을 정도다. 새로운 정권이 발표되면 총리는 임팩트를 남기려고 대담한 정책을 발표할지도 모르기 때문이다. 그것이 호의적으로 받아들여져 주가가 상승하는 경우가 많다. 실제로 버블기의 고가에서 40% 이상이나 떨어져 있는 일본 시장은 무척 값이 싸다. 지금의 일본 주식의 사이클로서 고가라고 해도 역사적으로는 아직 값이 싸다는 사실에는 변함이 없다.

세계적 투자가 워렌 버핏이 투자한 일본의 종합상사는 틀림없이 값이 쌌을 것이다. 그렇다고 해도 상승하는 것이

정해져 있는 것은 아니지만, 내가 보기에 이는 일본에 대한 익스포저exposure, 가격 변동 리스크에 노출되어 있는 자산의 비율를 높이는 방법이다.

워렌 버핏은 상장지수펀드도 구입할 수 있었겠지만, 그의 투자액은 무척 커서 상장지수펀드의 유동성으로는 부족했을 것이다. 나는 그와 직접 이야기해보지 않았기 때문에 실제 이유는 모르지만 일본 경제, 그리고 종합상사는 수입과 수출로 이루어지기 때문에 상품에도 크게 관여하고 있다. 그는 그 익스포저도 시야에 넣어 두었을 거라고 생각한다.

●
미움 받고 있는 러시아를
좋아하게 된 이유

나는 러시아에 대해 얼마 전까지 굉장히 비관적이었지만 최근 들어 낙관적이 되었다. 1966년에 처음으로 철의 장막을 뚫고 옛 소비에트 연방을 여행했다. 그때 '이 나라는 절대 성공하지 못할 것이다'라고 느꼈다. 땡전 한 푼 투자하고 싶지 않다고 생각했을 정도다.

그러나 3, 4년 전에 러시아에서 변화를 느끼고 생각을 바꿨다.

공산주의 아래인 소련에서는 누구도 착실하게 일하지 않고 정부의 프로파간다를 그대로 받아들이고 있었다. '마르크스주의는 훌륭하다'고 주장하는 현지 사람들과 논쟁을 한 일을 아직도 기억하고 있다.

하지만 그것들은 명백하게 실패했다. 마르크스의 "자본을 형성하는 것이 필요하다"고 한 생각은 옳았지만 정부에 맡겨 두어서는 안 되었다. 현재 마르크스주의로 경제를 떠받치고 있는 사람과 단체는 존재하지 않는다.

1989년에 냉전이 끝나고 소련이 붕괴해도 러시아 국민의 마음 상태mind-set는 아직 구소련 시대와 크게 달라지지 않았다. 어렸을 때부터 공산주의를 신봉해 왔기 때문인지도 모른다. 얼마 전까지 누군가가 부를 축적하면 정부가 그 돈을 빼앗고, 그 사람은 사살당하거나 체포되었다. 하지만 최근 러시아에서는 자본주의가 뿌리 내려 정부는 자본을 만들려고 하는 투자가, 실업가를 제지하려고 하지 않게 되었다.

이는 푸틴 대통령 덕분인지도 모른다. 최근의 러시아는 자본, 외국인, 그리고 비즈니스의 노하우가 필요하다는 걸 이해했을 것이다.

어느 세계적인 회계사무소는 "러시아인은 적극적으로 비즈니스를 하고 싶어 한다"고 언급했다. 이는 옛날에 비하면 큰 차이다. 특히 외국인의 수용을 대폭 개선한 것으로 느껴진다. 다만 우크라이나 등 구소련 국가들에 대해서는 아직 비관적인 채다.

되풀이하지만 외국인의 수용을 그만두고 쇄국으로 달려가면 600~700년 전에 유복했던 에티오피아나 1962년 미얀마버마 몰락의 전철을 밟게 될 것이다.

1965년에 독립한 싱가포르를 보면 된다. 지금은 과거에 비해 완전히 달라졌다. 전적으로 싱가포르의 철인이라 불린 리콴유李光耀 전 총리의 공적인데, 천연자원은커녕 물 자원조차 이웃나라인 말레이시아에서 가져오지 않으면 안 되는 인구 100만 명의 소국이 인구 560만 명의 국제 허브가 되었기 때문이다. 싱가포르는 지난 수십 년 동안 세계에서 가장 성공한 모델이라 할 수 있을 것이다. 미국의 리처드 닉슨이나 헨리 키신저, 그리고 최근에는 버락 오바마까지 세계를 대표하는 정치가들이 그로부터 배우기 위해 싱가포르를 방문했을 정도다.

일본도 정말 주의해야 한다. 1854년에 개국을 선언했지만 100년 이상 지났어도 아직도 완전히 개국하지 않고 있으며 외국인에 대한 대응력은 부족하다. 아베 정권은 2019년부터 5년간 최대 34만 명의 외국인 노동자를 받아들이겠다고 선언했다. 하지만 1억 2,000만 명의 총인구를 대비해서 생각하면 무척 부족할 것이다.

물론 국민의 사고에는 변화가 보였을지도 모른다. 그러나 인구 감소와 채무의 증가를 아울러 생각하면 일본에는 비참한 결과가 기다리고 있다. 오해하지 말았으면 좋겠다. 나도 내 가족도 아름다운 일본을 무척 좋아한다. 다만 과거의 역사와 비교해서 생각하면 현실은 혹독하다고 말할 수밖에 없다.

일본인은 앞으로 영어만이 아니라 중국어, 스페인어 등 세계에서 사용되고 있는 외국어를 배우고 방범을 위해 총의 조작법을 배워 두지 않으면 안 될 것이다. 사회 불안이 심해지기만 할 것이므로 일본의 미래는 비관적이다. 아무리 생각해도 일본어권의 인구 감소는 멈추지 않을 것이기 때문에 머지않아 일본어를 말하는 사람도 아주 적어질 것이다. 아이를 좀 더 많이 낳거나 외국인을 받아들이거나 아니면 생활수준을 떨어뜨리는 선택지밖에 없다.

그런 가운데 지금 일본인은 기꺼이 생활수준을 떨어뜨리는 것을 선택하고 있는 것처럼 보인다. 물론 정부는 크게 공표하지는 않지만 다른 해결책을 발견해 내지 못하면 우리 아이들 세대의 생활수준은 더욱 악화될 것이다. 나라 자체가 없어지는 것은 아니기 때문에 가난해진 일본에 모두가 계속 살고 싶다고 생각하는 사람은 그래도 상관없을지도 모른다. 다만 적어도 내가 일본인이라면 그런 선택지를 택하지 않고 확실히 해외로 나갈 것이다.

●
앞으로 이주한다고 하면
유망한 곳은 어디일까

나는 예전에 싱가포르의 단기채권을 샀는데 어느 날 '싱가포르는 왜 부채가 있는가'라고 생각해봤다. 그러자 싱가포르는 대량의 채무를 안고 있다는 사실을 깨닫게 되었다.

GDP 대비 채무 비율은 상당히 높기 때문에 장래에 금리가 상승하면 조선업이나 싱가포르 항공은 영향을 받지 않겠지만 은행주는 영향을 받을 것이다. 그리고 싱가포르도 다른 나라와 마찬가지로 이민에 대해 나라를 닫기 시작했다. 싱가포르의 상황이 나빠지면 어디에 살아야 할지를 생각한다.

10년 전까지 홍콩은 아시아의 주요 도시로 생각되었지만 지금은 그렇지 않게 되고 있다. 최근에는 중국과의 문제가 있고 코로나가 수습되었다고 해도 아무도 일부러 홍콩에 살고 싶어 하지 않는다. 어쩌면 사람에 따라서는 도쿄로 이주할 가능성이 있을지도 모른다.

하지만 나는 자신의 아시아 본부를 '도쿄에 둘 것인가' 하고 묻는다면 그렇게는 하지 않을 것이라고 대답할 것이다. 일본을 정말 좋아하지만, 우선 세금이 너무 많다.

중국도 지금은 통화가 자유화되어 있지 않기 때문에 당장은 어려울 것이고, 코로나로 인해 일시적으로 좋아졌다고 해도 환경오염이 아직 심각하다. 어쩌면 태국의 방콕이나 인도네시아가 좋을지도 모른다. 러시아의 블라디보스토크도 후보로 들지만 아직 도시로서의 기능이 완전히 발달

하지 않았다. 나 혼자라면 싱가포르에서 블라디보스토크로 갈지도 모르지만 가족은 따라오지 않을 것이다. 그렇다고 해도 21세기는 아시아의 시대가 될 것이다. 장래에 이주지로서 권하고 싶은 곳은 한국, 중국, 베트남 등일 것이다.

중국은 코로나 위기에서 재빨리 회복하고 있다. 물론 통화의 문제, 그리고 미중 무역 전쟁 등 다양한 문제를 극복하지 않으면 안 되지만 틀림없이 21세기의 패권국가가 될 것이므로 검토한다고 해도 손해는 없을 것이다. 내가 지금 마흔 살 때로 돌아간다면 당장이라도 이주를 검토할 것이다.

●
한반도에서 38선이 열릴 때 기회도 열린다

한국에 대해서는 38선이 열릴 때가 기회다. 한반도를 '사람, 물건, 돈'이 자유롭게 이동할 수 있게 되고 북한에도 큰 기회가 찾아올 것이다. 북한에는 높은 교육을 받은 값싼 노동력이 있고 한국의 경영 능력이나 자본이 뒷받침하면 잠재 능력은 아주 높다.

하지만 한반도로 이주하는 것은 시기상조라고 생각한다. 일본인을 비롯하여 많은 사람들은 북한이라는 말만 들어도 눈살을 찌푸릴 것이지만, 냉정하게 생각하면 지금의 북한은 1980년대의 중국이나 2010년경의 미얀마와 비슷한 상황이다. 앞으로 매력적인 투자처가 될 것이다.

김정은의 건강 등에 대해서 미국에서는 그가 '죽기 일보 직전' 또는 '이미 죽었다'는 보도까지 나왔지만 결코 그대로 받아들여서는 안 된다.

예컨대 김정은의 여동생이자 후계자 후보로 말해지는 김여정에 대해서도 해외 미디어에서는 비참한 사진밖에 사용하고 있지 않다. 그런데 저널리스트들은 그녀를 만난 적이 있을까? 세계 미디어의 프로파간다로 '그녀는 비열하고 냉철한 여성이다'라는 이미지를 만들어 내려고 하고 있는지도 모른다. 실제로 그녀가 어떤 인물인지는 모른다. 북한 이외의 프로파간다에는 주요할 필요가 있다. 정말 그녀가 남북공동연락사무소의 폭파를 지시했는지, 진상은 명확하지 않다. 가능하다면 직접 현지로 가서 알아보고 싶지만 지금 그것은 불가능하다.

나는 실제로 북한에 두 번 다녀온 적이 있다. 다른 나라에 비해 자유 여행이 허락되지 않기 때문에 어쩔 수 없이 투어에 참가했지만, 첫 번째는 아내의 배 속에 차녀가 있을 때였다. 평소에는 투어로 여행하는 일이 절대 없지만, 어디를 가든지 가이드가 따라와 현지의 이발소에서 이발을 하려고 했다가 저지당하기도 하는 등 보통의 여행에 비하면 상당히 행동에 제한이 있었다. 그래도 나름대로 자신의 눈으로 직접 그 나라를 보고 왔다고 생각한다.

북한 사람은 이미 바깥 세계에 대해 알고 있어 김정은은 국민에게 거짓말을 할 수가 없다. 북한의 고관들은 발전한 러시아에 여러 번 다녀와 그들의 성장에 감명을 받고 있다고 한다. 사람은 진실을 알면 거짓말에는 따라가지 않는다. 되돌아갈 수는 없는 것이다. 나는 1990년에 러시아 극동의 항구도시 나홋카에 간 적이 있다. 현지의 항만 작업자와 이야기를 나눴더니 그들은 심하게 분노하고 있었다.

그들은 옛날에 정부가 "허가 없이 자신의 나라를 떠나면 평생 돌아올 수 없다"고 해서 내내 그것을 믿었다는 것이다. 정부가 국민에게 거짓말을 하는 것은 가능하다. 그러나 그것이 거짓말이라는 사실이 드러나 국민의 분노를 산 소비에트 연방은 무너졌다. 이제 러시아인은 해외로 갈 수 있고 정부가 그들에게 거짓말을 하는 것은 불가능하게 되었다.

이를 북한에 적용하면 김정은은 국민에게 거짓말을 하려고 하지 않을 것이다. 언젠가는 북한, 그리고 한반도는 개국을 진행할 것이다. 그때 한반도는 무척 자극적인 장소가 될 것이다. 일본과 마찬가지로 저출산으로 인한 인구 감소와 고령화에 시달리는 한국에 비해도 북한 사람들은 아직 적극적으로 아이를 낳고 싶어 하기 때문에 크게 기대할 수 있다.

또한 중국과 국경을 접하고 있는 베트남도 매력적이다. 인구가 많고 아직 노동력도 물가도 싸며 자원이 풍부한 나라다. 어쨌든 예전의 싱가포르와 마찬가지로 인구가 자연스럽게 늘어나는 나라에 투자하여 성공하는 것은 그다지 어려운 일이 아니다. 베트남은 북한과 마찬가지로 높은 수준의 교육을 받은 근면한 사람이 많은 것이 강점이기 때문에 앞으로의 미래는 굉장히 밝을 것이다. 이주지로서도 추천할 수 있다.

영국, 그리고 EU의 미래는
험난하다

유로권도 다른 나라와 마찬가지로 나라의 폐쇄로 인해 국민의 불만이 심해지고 독립과 분리 운동이 활발해지고 있다. 미래를 생각하면 유로권은 지금 우리가 알고 있는 형태와는 다른 것이 될 것이다. 영국은 'EU는 나쁘다'고 하며 2020년 1월 말일에 이미 이탈했다. 앞으로는 다른 나라도 뒤따를 것이다. 역사를 거슬러 올라가면 연합한 나라들이 최종적으로 분리한 예는 얼마든지 있다. 대영제국은 오랫동안 번영을 누렸지만 점차 분열되고, 그리고 쇠퇴해갔다.

현재 EU권은 공동 시장이어서 관세가 없고 자유롭게 상품을 매매할 수 있다. 그러나 벨기에의 수도 브뤼셀에 있는 EU 본부는 점점 관료적이 되어 모든 가맹국이 합의하지 않으면 아무것도 할 수 없게 되고 말았다. 그들은 규제를 어떻게 할지에 대해서만 논의하고 있다. '자신들의 일은 스스로 결정하고 싶다'고 생각하는 영국인은 그것에 반대했다. 만약 영국이 브뤼셀의 EU 본부 해체에 투표할 수 있었다면 영국에도, 유럽에도 훌륭한 결론을 가져왔을 거라고 생각하지만, 그렇게 되지는 않았다.

자유무역권은 훌륭하지만 EU는 관료주의라는 큰 문제를 안고 있다. 그래서 영국은 이탈하기로 결단하고 말았다. 하지만 그것이 영국에 좋았다고는 생각하지 않는다. 그래도 자유무역권에 머물러 있어야 했다. 영국을 따라서 브뤼셀의 관료주의에 반대하여 이탈하려는 나라가 늘어나면 본부는 문제를 인식하고 다소는 슬림화하거나 개선할 가능성이 있기 때문이다.

브렉시트는 영국을 재차 해체할 리스크마저 안고 있어 전혀 좋은 일이었다고는 생각하지 않는다. 브렉시트로 유럽의 비즈니스맨들은 이제 EU에서 이탈한 런던을 거점으로 비즈니스를 하려고 생각하지 않을 것이다. 프랑크푸르트나 암스테르담, 파리 등 다른 도시의 선택지는 많이 있기 때문이다. 런던은 앞으로 점차 쇠퇴하고 말 것이다.

나는 영국을 싫어해서 나쁘게 말하고 싶은 것이 아니다. 예전에 나는 옥스퍼드대학을 다녔다. 모국 미국을 떠나 해외 유학을 함으로써 많은 것을 배웠다. 유학하기 전부터 동경하고 있던 옥스퍼드대학과 케임브리지대학의 보트 경기에 참가하고 운 좋게 승리할 수 있었던 것은 최고의 추억이다. 그리고 인연이 있어 장녀도 현재 영국의 고등학교에 다니고 있다. 그러므로 영국에는 깊은 신뢰가 있는 것이다. 다만 지금 외국에 수출할 수 있는 것이 거의 없는 영국의 미래는, 안타깝게도 비관적으로 볼 수밖에 없다.

최근 유럽에서 행해져 온 선거에서는 이민 배척과 내셔널리즘을 부추기는 극우 정당이 국내를 분단하는 논의를 끌어들여 일정한 계층의 지지를 얻고 있는 것 같다. 앞으로 분단이 더욱 진행되어 유럽은 불안정해질 것이다.

그리고 유럽의 많은 나라나 지역에서는 국가 수준만이 아니라 지방자치단체 수준에서도 큰 부채를 안고 있다. 그 때문에 유럽 경제에 대해서도 비관적이 되지 않을 수 없다. 코로나 쇼크로 인해 유럽 경제가 가장 깊은 상처를 입고 있다. 너무 많이 팔리고 있는 것 같다면 매입 시기가 있을지도 모르지만, 장기적으로 생각하면 지금 유럽에는 적극적으로 투자할 만한 재료가 없다.

아프리카에서 앞으로
유망한 나라는 어디일까

아프리카의 경우 짐바브웨의 주식과 투자신탁을 조금 샀다. 나는 짐바브웨에 최초로 투자한 외국인이다. 50년 전 짐바브웨^{당시에는 로디지아}는 영국 연방 중에서도 유복한 나라 중 하나였다. 천연자원이 풍부하고 인프라도 비교적 잘 정비되어 있으며 대량의 담배나 광물 자원을 세계 각지로 수출하고 있다. 한때는 농작물의 자급자족도 달성하고 있어 가까운 이웃 나라에 곡물을 팔 정도였다. 하지만 1980년에 권력의 자리에 앉은 독재자 로버트 무가베가 그 뒤 37년간 경제를 파괴했다.

2000년대 후반에는 하루 동안 물건 가격이 변하는 하이퍼인플레이션이 덮쳐 수많은 사람들이 나라에서 탈출하여 보츠와나나 남아프리카공화국에서 일하게 되었다.

그리고 비공식적인 숫자이지만 2008년 11월에는 연 897해^{경의 만 배가 되는 수, 즉 10의 20승}%라는 천문학적인 하이퍼인플레이션이 닥쳐 100조 짐바브웨 달러 지폐까지 등장하는 이상 사태가 발생했다. 그 후 2017년 11월의 군사 쿠데타로 에머슨 음낭가과가 대통령이 되었다. 독재자에 의해 나라가 위기 상황에 놓인 것은 재앙이지만 투자가가 보기에는 '재앙은 매수' 타이밍이다.

안타깝게도 에머슨 음낭가과 대통령의 경제연합은 제대로 진행되지 않고 있다. 유엔의 세계식량계획[WFP]이 1,400만 명인 국민의 절반이 기아로 향하고 있다고 경고했을 정도다. 지배자가 바뀌어도 조직적인 부패나 강권 지배는 계속되고 있다. 그러나 한때 번영했던 토양이 있기 때문에 앞으로 오랜 시간에 걸쳐 바뀔 수 있다면 크게 상승 기류를 탈 것이다.

가나나 에티오피아도 경제 부활의 징조를 보이고 있지만 지구성이 있을지 정확히 확인하고 나서 투자하고 싶다. 앙골라도 흥미롭다고 생각한다. 보츠와나나 다른 아프리카 국가의 주식은 예전에 보유했지만 이미 팔아 버렸다. 그 투자는 무척 성공적이었다.

이전에는 아무도 아프리카에 투자하지 않았다. 예전에는 외국인의 아프리카 주식 투자는 위법이었고, 가나 주식에 투자할 수 있게 된 것은 겨우 1991년이었다.

중동에서 가장 매력적인
나라는 이란

중동에 대해서는 안타깝게도 다음에 큰 전쟁이 일어나는 지역이 될 가능성을 부정할 수 없다. 이스라엘과 팔레스타인 등의 문제만이 아니라 석유 이권 등을 둘러싸고 미국인을 비롯한 수많은 사람들이 여기서 잘못을 저질렀다. 바로 현대의 화약고라고 말할 수 있을 것이다. 중동의 어떤 나라가 예전에 제1차 세계대전을 일으킨 화약고였다는 발칸반도처럼 될 가능성이 있다. 원유 가격을 제쳐 두고도 지금 세계에서 가장 불안정한 장소라고 해도 좋을 것이다.

지금 이미 소국 예멘 같은 곳은 전쟁 상태에 있다. 이란의 지원을 받고 있는 세력이 사우디아라비아에 미사일을 쏠 가능성이 있는 것이다. 거기에 코로나 쇼크로 인한 원유 가격 저하가 재차 타격을 주어 이미 레바논처럼 파산해버린 나라도 있다. 물가는 상승하고 수많은 사람들의 생활은 점점 힘들어질 것이다.

다만 나는 이란에 대해서는 어떻게든 투자를 하고 싶다. 현재 미국인인 나는 안타깝게도 불가능하지만, 이란을 좋아하는 이유는 몇 가지 있다. 첫째는 주요 산업인 원유 가격이 떨어졌다는 점이다. 둘째는 이 나라가 러시아나 북한과 마찬가지로 세계적으로 미움을 받고 있다는 점이다(값이 쌀 가능성이 높다!). 셋째는 인구 통계상 굉장히 젊은 국가라는 점이다.

더욱 중요한 것은 나라 전체가 '변화를 이루고 싶다'고 생각하고 있다는 점이다. 건강하고 젊은 남성들에게 '춤을 춰서는 안 된다', '여성에게 말을 걸어서는 안 된다'고 억압하는 것은 무척 어려운 일이다. 지금의 불안정한 중동 전체를 보는 한 이란이 가장 매력적으로 보인다.

제3장

원유 약세,
물이나 식량 위기……
상품은 어떻게 될까

Jim Rogers

●
코로나 이후
다시 상품의 시대가 찾아온다

현재의 트렌드에서 가장 싼 금융상품이 뭐냐고 묻는다면 상품이라고 대답한다. 미국을 비롯한 다른 주요 국가의 주식은 코로나 쇼크로 일시적으로 폭락했지만, 그 뒤 회복하여 높은 수준으로 바뀌어가고 있다. 세계적으로 역사상 유례가 없는 금융완화로 인한 것으로, 실물 경제와는 그다지 관계가 없다. 하지만 나 자신도 일부 그것에 편승하여 일본 주식을 구입하고 있다. 한편 금이나 은 등 일부를 제외한 상품의 가격은 지금 크게 떨어지고 있다. 2021년 이후에는 단연 상품 쪽을 사고 싶다.

아직도 상품은 가격 변동이 심하고 투자하는 것은 복잡하고 위험하다고 생각하는 사람이 많다. 옛날부터 주식이나 채권에 대해서는 무슨 말을 들어도 대답할 수 있는 솜씨 좋은 프로 투자가들 사이에서도 상품의 경우는 아무것도 모르고 그저 도깨비가 발호하는 영문을 알 수 없는 세계라고 생각했을 정도다.

상품 투자라고 말한 순간 "상품이라고! 그렇게 무서운 것도 없어. 처남이 상품 투자로 몽땅 털렸지"라고 말하는 사람이 반드시 있었다. 물론 리스크가 낮다고는 말할 수 없지만 상품으로 파산한 친척이나 그 친척의 이야기를 가공할 만한 교훈처럼 말하는 사람은 애초에 투자의 구조 자체를 모르고 있을 뿐이다.

장기적으로 보면 상품만큼 돈을 벌 수 있는 자산도 그리 많지 않다. 예컨대 1966년부터 1974년에 걸쳐 설탕 선물이 1.4센트에서 66센트로 상승하는 동안 싸게 매입한 설탕을 계속 갖고 있어 가격이 45배 이상이나 되는 것을 보고 있는 일은 무척 재미있었다.

졸저 《상품의 시대》에서도 말했지만 주식과 상품의 가

격 변동에는 역상관 관계가 있다. 차트를 보면 18년 정도의 사이클로 양자가 변하고 있다는 사실을 알 수 있을 것이다. 예컨대 1906년부터 1923년에 걸쳐서는 상품이 상승하고 주식은 교착 상태에 있었다. 그 뒤인 1920년대는 반대였다.

1970년대에는 상품 장세가 과열되고 주식이 부진했다는 것을 기억하고 있는 사람이 있을지도 모른다. 1980년대와 1990년대는 정반대였다. 1966년에 999.15달러였던 뉴욕 다우지수는 1982년에 800달러 이하가 되었다. 16년에 걸쳐 20% 가까이 하락한 것이다.

그 16년 동안은 미국 역사상 최악의 인플레이션 시기로, 대조적으로 상품 시장은 활황이었다. 설탕은 앞에서 말한 대로이고, 옥수수는 295% 상승했다. 석유는 1970년대에 15배 상승하여 1배럴에 40달러가 되었다. 금과 은은 10년 동안 20배 이상이 되고 그 밖의 많은 상품의 가격이 급상승했던 것이다.

이 시기는 '주식의 죽음'이라고 하는데, 사실 주식이 쌌고 그 뒤에는 20년 가까이 이어지는 주식의 상승 장세가 준비되고 있었다. 이처럼 주식과 상품은 역사적으로 일정한 사이클로 교체되는 경향이 있다.

애초에 주식의 경우든 채권의 경우든 뭔가에 투자할 때는 상품을 이해하고 있지 않으면 투자가로서의 성공은 의심스럽다. 예컨대 금속의 가격이 왜 올라갔는지를 알면 캐나다, 오스트레일리아, 칠레, 페루 등 금속 자원이 풍부한 나라의 경제가 호조인 이유를 알 수 있다. 아울러 금속을 산출하는 나라에 투자하고 있는 기업의 주식을 살펴보는 등 행동도 변할 것이다.

코로나 쇼크로 다시 긴 주식의 시대로부터 새로운 상품의 시대가 눈앞에 찾아와 있다. 또한 지금은 옛날과 달리 상품 관련 상장지수펀드나 상장지수채권ETN, 인덱스펀드* 등 더욱 가벼운 마음으로 투자할 수 있는 금융상품이 등장했다. 그것들을 능숙하게 활용하면 그만큼 리스크를 감수하지 않아도 이익을 얻을 수 있을 것이다.

가령 굉장히 값싼 시기가 아니라고 해도 포트폴리오에는 반드시 어느 정도 상품을 넣어 둘 것을 권한다. 상품 투자는 주식의 하락 장세나 심한 인플레이션에 대해서만이

---

* 주가 지표의 변동과 동일한 투자 성과의 실현을 목표로 하는 투자 펀드.

아니라 심각한 불황에 대해서도 유력한 헤지^{hedge}* 수단이 될 수 있기 때문이다. 지금 같은 세계적 버블과 과열 장세가 점점 심해져 끝내 터지고 말 때도 아마 당신을 지켜줄 것이다.

●
금과 은은 버블일까?
앞으로 사도 괜찮을까?

우선 많은 사람들에게 비교적 친숙한 상품인 금과 은에 대해 이야기하기로 하자.

만약 지금 당신의 포트폴리오에 금과 은이 없다면 일단 서둘러 사는 게 좋을 것이다. 상품 중에서도 특히 이러한 귀금속은 포트폴리오의 보험이 되기 때문이다. 나는 전부터 금과 은은 샀는데 코로나 쇼크로 매입을 늘렸다. 왜냐하면 제1장에서도 말한 것처럼 전 세계에서 인쇄되고 있는 지폐의 계산서는 언젠가 돌아와 불행한 결과가 기다리

---

* 시세의 하락 따위로 일어나는 손실을 막기 위한 공매매.

고 있으며 지폐에 대한 신뢰성이 상실될 것이라고 생각하기 때문이다. 가령 장세가 하락해도 금과 은의 가치가 제로가 되는 일은 있을 수 없다.

내가 하는 말을 믿는 사람은 실물 자산을 보유하고 싶어 한다. 현재 금은 미국 달러를 포함하여 모든 통화에서 봐도 최고가를 갱신하고 있다. 금과 은이 앞으로 얼마나 상승할지 모르지만 은의 과거 최고가는 1트로이온스*에 50달러다. 확실히 그 수준까지는 돌아갈 것이다.

나는 그것을 의심하지 않는다. 따라서 금과 은 중에서 선택한다면, 지금은 은을 선택할 것이다. 양쪽 다 보유하고 있지만 금에 비해 은이 상대적으로 더 싸기 때문이다.

그러나 코로나 쇼크로 상승한 금은 향후 수년 내에 더욱 상승할 것으로 보고 있다. 사람들이 정부나 지폐에 신뢰를 잃을 때는 늘 금과 은을 샀다. 그럴 때 학자나 정부 관계자는 "금을 산다는 건 이상하다", "사지 않는 게 좋아"라고 말하는 법인데 나는 그런 고상한 사람들이 아니라 농촌의 소

---

* 금, 은 등 귀금속과 보석의 중량 단위로 1트로이온스는 31.1035g에 해당한다.

대전환의 시대

작인 같은 사람이다.

늙은 소작인인 나는 금과 은을 손에 들고 만진다. 실물 자산이기 때문에 그 아름다운 귀금속의 가치는 믿을 수 있다고 생각한다. 그러므로 나 같은 소작인은 현명한 정부가 뭐라고 해도 금과 은을 계속 살 것이다. 이번에도 마찬가지다. 모두가 사서 돈을 벌 수 있기를 바라고 있다.

아니, 언젠가 돈을 벌 수 있다는 것은 알고 있다. 다만 안타깝게도 금과 은도 버블이 될 우려가 있다. 앞으로 3~5년 뒤에 완전한 버블이 될지도 모른다. 물론 가격이 상승하면 기쁘겠지만, 버블이 되었을 경우 프로 투자가로서의 나는 팔아서 이익을 챙기지 않으면 안 되는 때가 올 것이다.

하지만 부모로서의 나는 아이들에게 보유하고 있는 금과 은을 자산으로 물려주고 싶다. 그러므로 만약 버블로 매각했을 경우에는 되살 절호의 타이밍을 놓쳐서는 안 된다고 생각한다. 사실은 팔고 싶지 않지만, 투자가로서는 우선 이익을 내지 않으면 안 되기 때문에 어쩔 수 없는 일이다.

상품 중에서도 특히 금과 은은 모든 투자가가 사야 한다. 되풀이하는 것 같지만 그것은 다른 자산의 보험이 되기도 한다. 사람들은 대부분 화재보험, 자동차보험, 의료보험

등에 가입해 있을 것이다. 물론 그 보험을 한 번도 사용하지 않기를 바라지만, 그래도 보험은 많은 사람들에게 필요한 것이다.

그러므로 금이나 은에 대해서는 그다지 알지 못해도 보험을 들어둔다는 감각으로 얼마간 사 두는 자세가 좋다고 생각한다. 차를 살 때 함께 따라오는 자동차보험에 대해 별로 알지 못하는 것처럼, 금과 은에 대해서도 일단 어느 정도 갖고 있는 것이 필요하다. 보험을 들어 둔다는 감각으로 산 분량에 대해서는 보통 사람이라면 그리 빈번하게 매매할 필요가 없을 것이다.

내 집에는 도처에 은제품이 놓여 있다. 인터뷰나 협의 때 물을 마시는 컵도 은잔이다. 만약 은 가격이 이대로 점점 올라가면 누군가에게 도난당할지도 모른다는 사실이 두렵다.

금과 은은 장기적으로 보면
더욱 상승한다

금은 요즘 계속해서 고가를 갱신하고 있는데, 금만큼 신비한 매력과 인기를 가진 자산은 달리 없다. 유사 이래 계속해서 그랬다. 고대 사람들은 희소성이나 항구성, 그리고 장식품으로서의 매력을 가진 금에서 높은 가치를 찾아냈다. 신기한 힘이 있다고 생각하는 사람들까지 존재했을 정도다.

기원전 2000년에는 이미 이집트 사람이 돈을 주조했고, 기원전 1352년에 젊은 왕인 투탕카멘을 매장한 관은 2448파운드의 금을 사용해 그를 닮게 만들었을 정도다.

현재에 말하자면 터키 위치에 있던 에게해의 왕국 리디아의 크라이소스가 세계에서 처음으로 순금 경화의 주조를 명했다. 로마인이 최초로 금화를 만든 것은 기원전 50년이었지만, 아우레우스라 불리는 금화는 공화정 아래서는 그다지 사용되지 않았고 기원전 27년의 아우구스투스 치세로 시작되는 로마 황제의 시대까지 공통 통화가 되지 못했다.

콜럼버스 이전에 잉카인은 예술을 비롯하여 온갖 장식에 금을 사용했다. 잉카 황제는 금을 묘까지 가져가 다음 황제에게 방대한 양을 남겼다.

16세기에 스페인의 페르디난도 국왕과 이사벨 여왕은 금을 찾으려고 신세계로 대형 범선을 보냈다. 배는 왕실의 창고에 넣기 위해 대량의 금을 싣고 돌아와 스페인의 황금시대가 막을 올렸다.

현대에는 금에 홀린 사람들을 황금충풍뎅이이라고도 한다. 긴 역사가 있는 귀금속만이 유일하게 오랫동안 가치를 가질 수 있는 자산이라고 생각하고, 그 가격이 폭등할 시대는 가까이 다가왔다고 생각하는 투자다. 그들은 주식시장의 폭락, 부동산 가격의 폭락, 미국 달러의 붕괴 등 세계 금속시장의 혼란에 대한 보험으로서 돈을 계속 갖고 있다.

이처럼 돈에 대한 인류의 집착은 무척 흥미로운 것이고 금이 시대를 결정한 일이 있었는데 은, 동, 설탕, 밀, 재목이라는 상품도 마찬가지였다.

나는 2020년 7월 그때까지 구입을 늘려 왔던 금과 은의 매입을 멈췄다. 왜냐하면 코로나 쇼크로 인도나 아시아 사람들이 금과 은을 팔고 쌀을 샀기 때문이다. 그들에게 코로나는 사활의 문제인 것이다.

나는 구입을 재개해야 할 가격까지 떨어지는 것을 신중하게 기다리고 있다. 시세가 내려 사들일 기회가 찾아올지 어떨지 모르지만, 나는 장기적으로 금과 은이 상승할 것이라 생각하고 있다. 그래서 어딘가에서 구입을 늘리고 싶다. 금에 대해서는 상장지수펀드도 소량 매입했으나 대부분 현물을 사고 있다.

●
원유 가격이 다시 마이너스가 되는 일은 있을까

2020년 4월 20일 원유의 선물 가격이 사상 첫 마이너스가 되었다. 하지만 다시 마이너스 가격을 찍는 일이 있을까. 그 가능성은 낮을 것이다. 그때는 진기한 상황이 겹친 것이 원인이었고, 한 번 마이너스를 경험하면 모두 그것에 대비하게 되기 때문에 다시 마이너스가 될 가능성은 낮아진다. 아무도 원유 선물의 배송을 받는 상황이 되지는 않을 것이다.

설령 다시 마이너스가 되었다고 해도 나는 포지션position*이나 예측을 크게 바꾸지 않을 것이다. 수년 전에 주식시장에서 플래시 크래쉬flash crash, 주가가 순간적으로 폭락하는 현상가 있어 뉴욕 증권거래소가 완전히 기능하지 않게 되었다.

있을 수 없는 일이었지만 실제로 일어난 사건이다. 원유의 마이너스 거래도 비슷한 것으로, 일어날 수 없는 일이 일어난 것이다.

원유의 산출량은 프래킹Fracking, 수압파쇄법**을 제외하고 매년 떨어지고 있다. 프래킹은 기적이었으나 버블이 되고 말았다. 프래킹이라는 말을 하는 것만으로 돈을 받고 채굴할 수 있었다.

그러나 어딘가에서 빌린 돈을 갚지 않으면 안 된다. 프래킹 버블이 터지고 몇몇 회사가 파산했다. 앞으로도 파산은 이어질 것이다. 프래킹은 가능해도 이익을 낳지 않으면 의미가 없다는 것을 깨달았다. 프래킹이 사라지는 것은 아

---

* 외환이나 증권의 보유 상태.
** 셰일층의 암반에 인공적인 균열을 만들고 거기에 대량의 물과 화학약품을 주입하여 가스와 오일을 채취하는 기술이다. 그러나 이로 인한 지하수 오염, 지반 침하 우려, 대기 오염, 지진 등 환경에 미치는 영향이 커서 이용을 제한하거나 아예 금지하고 있는 나라도 있다.

니지만 효율이 좋은 회사밖에 남지 않을 것이다.

석유 관련 기업이 도태되어 가는 가운데 원유 가격은 '복잡한 바닥시세'를 찍으려 하고 있다. 몇 년 뒤에는 2018~2024년의 어디쯤에서 최저가를 찍었다는 사실을 알게 될 것이다. 원유가 1배럴에 250달러가 되면 프래킹도 이익을 낳을 수 있지만 그때까지는 바닥시세를 기록할 것이다.

원유 가격이 떨어지면 탈탄소라는 생각은 소용없게 될 것이다. 왜냐하면 탈탄소는 정부의 조성금이나 보조금으로 지탱되고 있고, 풍력발전이 40달러의 원유와 대항할 수 있을지 확실하지 않기 때문이다.

반대로 원유가 150달러까지 상승하면 태양광이나 풍력발전은 보조금 없이도 충분히 대항할 수 있을 것이다. 클린에너지의 테크놀로지는 개선되고 있지만 원유 가격과 대항할 수 있을지 어떨지는 알 수 없다.

따라서 원유 가격이 떨어지면 탈탄소의 움직임은 늦어질지도 모른다. 태양광이 원유보다 비싸면 공장을 탈탄소할 이유가 없어진다. 원유 가격이 올라가면 탈탄소 경향은 좀 더 강해질 것이다.

셰일 개발 대기업인 체서피크 에너지가 2020년 6월에 파산했다. 이는 명백히 금융 위기였다. 원유가 복잡한 바닥 시세를 찍는 동안 다양한 석유 관련 기업이 파산해 갈 것이다.

이런 기업의 파산으로 원유를 채굴할 수 있는 기업이 줄고, 남은 기업은 이익을 얻을 수 있도록 채굴을 계속한다. 이것이 복잡한 바닥시세를 찍는 과정이다. 무척 시간이 걸리는 과정이다. 역시 이익이라는 실체가 없는데도 한도를 넘어 너무 많이 빌린 기업은 예외 없이 파산해 간다는 것이다.

●
기후 변동으로
농업이나 어업은 변해 간다

코로나 바이러스로 사람이나 공장의 움직임이 멈춘 탓에 일시적으로 환경이 좋아졌다는 보도가 흘러나오고 있다. 중국에서는 좀처럼 볼 수 없었던 파란 하늘이 돌아왔고, 이탈리아의 베네치아에서는 운하에 물고기가 돌아온

모양이다. 그에 따라 원래 문제시되었던 기후 변동에 대해서도 주목하게 되었다. 바이러스도 온난화로 인한 것이고, 나아가 아프리카에서 유라시아 대륙에 이르기까지 대량으로 발생한 사막 메뚜기로 인한 농작물 피해 등도 심각해져 가까운 미래에 식량 위기가 일어난다는 사람도 있다.

다만 지금 세계적인 문제가 되고 있는 기후 변동은 사실 역사상 여러 차례 인류를 위협해 왔다. 빙하나 나무, 지층에 새겨진 과거 역사의 자국을 보는 한 과학자들은 "옛날부터 기후 변동은 존재했다"는 결론에 이르렀던 것이다. 결코 최근에 새롭게 시작된 것이 아니다.

아프리카에 펼쳐지는 사하라 사막이 오랜 옛날에는 비옥한 농지였지만 기후 변동의 영향으로 지금은 세계 최대의 사막이 되었다. 그리고 다시 큰 기후 변동이 일어나고 있다. 예전의 기후 변동은 자연스러운 것이고 지금은 아주 인공적인 환경 파괴에 의한 것이라고 주장하는 사람도 있지만 나는 어느 것이 옳은지 잘 모르겠다. 다만 수백 년 전의 기후 변동과 지금의 결정적인 차이는 현재처럼 자동차의 배기가스로 인한 것이 아니라는 것 정도를 알 뿐이다.

어쨌든 과거의 기후 변동에 세계와 인류는 나름대로 순

응해 왔다. 사하라의 농가는 최종적으로 다른 직업을 가졌을 것이다. 농가든 투자가든 살아남기 위해서는 어떤 사람도 그때의 세계에 순응해 가지 않으면 안 된다. 지금은 과거에 눈이 내린 적이 없는 곳에 눈이 내리고, 농업이나 어업의 형태는 앞으로도 변해 갈 것이다. 미래의 기후 변동이나 자연재해 등의 리스크에 대비하기 위해서는 농업이나 농작물이라는 상품에 투자해야 한다. 앞으로도 기후 변동이 악화될 거라는 확증은 없다. 하지만 악화될 것이라고 생각한다면 역시 식량 위기의 가능성도 있을 테니 쌀이나 밀, 옥수수 등을 사두어야 할 것이다.

●
중국인의 대량 소비로
대체육에 기회는 있을까

14억 명의 인구를 안고 있는 중국은 국민 대부분이 경제적으로 풍요로워졌기 때문에 지금까지 찾아볼 수 없을 만큼의 소고기와 닭고기를 소비하게 되었다. 이미 세계적인 상품 공급이 부족한 상황에 놓여 있는 가운데 신형 코로나의 영향도 있어서 중국의 한없는 식욕을 가진 소비자의 수요를 모두 만족시키는 일은 무척 어려울 것이다. 식료품의 증산에는 시간이 걸리기 때문에 상품 가격은 수요가 공급을 훨씬 상회하는 상황*에 반응하여 단숨에 상승할 가능성도 있다.

다만 인류는 위기를 느끼면 나름대로 지혜를 짜내는 법이다. 중국인이 다 먹어 버리기 전에 식육 부족을 보충할 움직임도 일어나고 있다. 열일곱 살인 나의 첫째 딸은 최근에 등장한 대체 육大替肉, Impossible Burger & Beyond Meat에 무척 흥미를 갖고 있다. 나도 시험 삼아 먹어봤는데 무척 맛있었다. 나의 소비자 테스트에 합격한 것이다. 맛이 좋을 뿐 아니라 식육보다 싸고 칼로리도 낮기 때문에 대체육은 굉장히 매력적인 상품으로 여겨졌다. 하지만 나는 아직 어떤 브랜드에 투자해야 할지 알 수 없었기 때문에 현 시점에서는 그런 종류의 상품에 대해 포지션을 갖고 있지 않다.

다만 농업의 침체나 기후 변동이 이대로 계속되면 대체

---

* 원문에는 '공급이 수요를 훨씬 상회하는 상황에 반응하여'라고 되어 있으나 오류라고 생각되어 수정했음.

육의 미래는 밝기 때문에 철저하게 조사한 뒤라면 투자를 생각해도 좋을 거라고 생각한다. 이대로 식육 가격이 올라가면 공급이 따라가지 못하게 되어 가격이 더욱 올라갈 것이다. 그렇게 되면 종래에 먹었던 스테이크나 햄버거는 앞으로도 가격이 올라가고 더 많은 사람들이 일상적으로 대체육을 먹게 될 가능성이 높다.

상장지수펀드나 상장지수증권이라면 누구든 간단히 투자할 수 있다

예컨대 석유에 투자하고 싶다면 석유회사를 설립한다거나 석유를 채굴한다거나 석유의 선물이나 석유회사 주식을 구입하는 등 여러 가지 방법을 생각할 수 있다. 만약 투자하고 싶은 상품에 대해 숙지하고 있다면 선물을 사야 한다. 성공했을 때는 가장 많이 벌 수 있고, 내일이라도 당장 억만장자가 될 가능성이 있다. 다만 상품의 선물은 다른 투자보다 리스크가 크다는 것도 확실하기 때문에 구조나 상품에 대한 지식이 풍부하지 않다면 일단 상품 관련 인덱스

펀드나 상장지수펀드, 상장지수채권^{ETN}에 넣어 두는 것이 좋다.

RJI^{로저스 국제 상품 인덱스ETN}이나 RJA^{로저스 국제 상품 인덱스 농업 ETN}를 사면 좋을 것이다. 과거의 실적에서 보면 인덱스펀드는 적극적으로 운용하는 전체 펀드의 3분의 2보다 뛰어난 실적을 올리고 있다. 펀드는 추가한 상품 바스켓의 가격에 연동하여 움직인다. 인덱스를 사면 대부분의 투자가가 아웃퍼폼^{outperform*}을 달성할 수 있을 것이다.

귀금속에 대해서도 나라면 RJZ^{로저스 국제 상품 인덱스 귀금속 ETN}을 살 것이다. 아무튼 현재는 상품이 가장 싸게 느껴지기 때문에 한동안은 계속해서 살 것이다.

다음 페이지에서는 일본에서 설정된 RICI^{Rogers International Commodity Index, 로저스 국제상품지수}에 연동하는 투자신탁을 소개한다.

---

* 일정 기간의 주가 상승률이 평균을 웃도는 것.

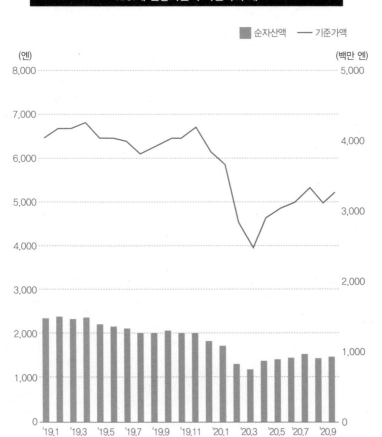

RICI에 연동하는 투자신탁의 예

순자산액 기준가액

(엔)   (백만 엔)

분야	구성 종목 예	구성 비율
에너지	원유, 천연가스, RBOB 가솔린 등	40.0%
곡물	옥수수, 대두, 밀, 대두기름 등	20.0%
산업 금속	알루미늄, 동, 납, 아연 등	14.0%
귀금속	금, 은, 백금, 팔라듐	11.1%
소프트	면화, 커피, 설탕, 백설탕 등	10.0%
가축	소, 돼지 살코기	3.0%
기타	고무, 판재	1.9%

편입 비율

출전 : 다이와大和 애셋 매니지먼트 〈다이와/로저스 국제 상품™ 펀드

제4장

코로나로
활성화하는
새로운 시장

Jim Rogers

●

GAFA는 투자처로
유망할까

항상 해외를 돌아다니고 있는 내게 코로나 재앙으로 이
동이 제한된 것은 정말 불쾌한 일이다. 가족과 보내는 시간
이 늘어나고 체중이 줄어든 것은 좋았지만, 실제로 전 세계
사람들이 자숙 피로를 겪고 있고 나도 어서 자유롭게 해외
로 나가고 싶어 견딜 수가 없다.

일본어와 중국어에는 '위기危機'라는 말이 있다는 것을
알고 있다. 이는 '위험한 상태 중에 굉장한 기회'가 생긴다
는 의미라고 나는 이해하고 있다. 그러므로 우리는 코로나

위기라고 해도 다양한 기회를 적극적으로 찾지 않으면 안된다.

운수나 항공 분야 등 코로나 쇼크의 직격을 받아 단숨에 값이 싸진 종목이 있는 한편 단숨에 수요가 늘어난 비즈니스도 있다. 나는 큰 타격을 입은 분야로서 러시아 운송회사의 주식이나 싱가포르 항공의 주식을 샀지만 Zoom 등의 온라인 툴 관련 종목은 너무나도 단기간에 급등했기 때문에 손을 대지 못한 일은 제1장에서 말한 대로다.

코로나 와중에서도 주목받고 있는 새로운 테크놀로지 분야인 GAFA Google, Apple, Facebook, Amazon에 투자해야 할까, 하는 질문을 예전부터 자주 받았다. 아무리 인기가 있다고 해도 나는 GAFA 등에는 일절 손을 대지 않는다. 세계에는 모멘텀 주식을 단기적으로 매매할 수 있는 투자가는 많이 있다. 하지만 나는 장기 투자를 특기로 하고 모멘텀 주식에서는 돈을 벌 수 없는 타입이라서 시도하고 싶지 않다.

그렇다고 해도 이런 주식은 확실히 누군가가 많이 샀기 때문에 상승하고 있는 것이다. 스위스의 중앙은행조차 구글, 아마존, 마이크로소프트 등 대량의 하이테크 계열의 미국 주식을 구입하고 있다. 아마존은 좋은 기업이고 나도 그

서비스를 이용하고 있지만 주식을 보유하는 리스크는 무척 높다고 생각한다.

누구나 샀기 때문에 주식시장에 큰 위기가 찾아왔을 때는 누구나 팔아 대폭락이 일어난다. 만약 당신이 버블 주식의 매매에 자신이 있다면 무슨 일이 있어도 추천하고 싶지만, 아무래도 내게는 적합하지 않는 것 같다.

●
유니콘 기업이 시장에 나타날 때
일어나는 일

주목을 받고 있는 유니콘 기업*이야말로 버블의 상징이기도 하다. 원래 이익을 낳지 않는 회사에는 아무도 흥미를 보이지 않는다. 그러나 버블이 된 순간 모두가 '그 회사는 희소가치가 있고 유일무이하다'고 믿고 모조리 투자를 하기 시작한다.

그렇다고 해서 그 회사에 진정한 가치가 생겨나는 것

---

* 기업 가치가 10억 달러(=1조 원) 이상인 비상장 스타트업 기업을 말한다.

은 아니다. 하지만 마법에 걸린 것처럼 돈만 모여들어 유니콘 기업의 주가는 굉장히 높은 평가액이 된다. 그거야말로 악몽의 시작인 것이다. 유니콘 기업 같은 것이 존재하지 않는 상황이야말로 버블이 아닐 때라서 냉정하게 투자할 수 있다.

지금처럼 여기저기에 매력적으로 보이는 유니콘 기업이 존재하는 시대는 장세가 지나치게 과도해진다. 5년 전에는 유니콘 기업이라는 말조차 그다지 듣는 일이 없었는데 지금은 온갖 타입의 유니콘 기업이 많이 존재한다. 이는 말그대로 현실과 동떨어진 판타지의 세계다. 그러나 현실은 언젠가 대갚음을 해 온다. 진짜 옛날이야기와 달리 최후에 해피엔드가 기다리고 있을 리 없다.

과거의 과열 장세를 돌아보면 1960년대에는 회사 이름에 'Computing'이 들어 있으면 매일처럼 주가가 상승했다. 1989~1990년에는 일본과 얼마간의 관계를 갖고 있는 회사의 주가가 아주 좋았다. 그리고 1990년대에는 'Internet'과 조금이라도 관계가 있는 회사의 주가가 급등했다.

그리고 그런 때야말로 모두가 이상한 것을 믿는다. 1989~1990년에는 미국에서도 "일본인은 보통 사람이 아니다"라는 이야기를 했다.

나는 "일본인은 바지를 한 쪽씩 입는가? 그렇다면 그들은 보통 사람들이다"라고 말했는데 아무도 믿어주지 않았다. 버블 때는 매번 "이번은 다르다. 이번에는 정말 진짜다. 너는 모르고 있다"고 모두가 입을 모아 말한다. 현실 세계에서는 새로운 일 따위는 아무것도 일어나지 않는데도 말이다.

버블 때는 항상 같다. 그때까지 투자 같은 건 거의 한 적이 없던 사람들이 갑자기 지금의 일을 그만두고 주식 브로커가 되고 싶어 하고, 치과의 안내 데스크를 맡고 있던 사람이 주식 투자에 대해 이야기하고 싶어 한다. 그것이 바로 버블이 터지는 징조인 것이다.

그리고 그런 때야말로 유니콘은 위기의 사인으로서 동화의 나라에서 현실 세계에 불쑥 모습을 드러낸다.

블록체인으로
아무도 은행에 가지 않게 된다

이미 버블이 된 하이테크 기업에 투자할 생각은 들지 않는다. 하지만 새로운 테크놀로지는 언제든 세계를 변화시킬 가능성이 충만하다. 유선 전화를 예로 들 수 있다. 지금은 아무도 눈길을 주지 않지만 100년쯤 전에는 최첨단 기술로 여겨졌고, 사람들이 동경하는 대상이었다.

그런 의미에서 최근에 새롭게 생겨난 기술 중에서 나는 '블록체인'에 대해 굉장히 긍정적으로 생각하고 있다. 비트코인의 근간 기술에는 근사한 미래가 있고, 앞으로 가장 흥미로운 분야가 될 거라고 생각한다.

블록체인은 참가자 전원이 모든 거래 기록을 공유하여 조작 같은 것을 불가능하게 하는 '분산형 거래 장부 기술'이다. 금융은 말할 것도 없지만 부동산이나 의료 등 온갖 업계에서 기존 시스템이 블록체인으로 치환되는 시대가 올지도 모른다.

많은 사람들을 열광시키고 있는 블록체인 기술은 우리의 상식을 뒤집고 지금 존재하는 다양한 일을 파괴할 것이다.

전기가 발명되었을 때도 다양한 일이 없어졌지만 그 뒤에는 다른 직종이 생겨났다. 앞으로도 같은 일이 일어날 것이다.

각국 정부는 블록체인에 대해 이미 적극적인 자세를 보이고 있다. 예컨대 디지털 위안화의 발행이 가까워졌다고 하는 중국에서는 거국적으로 산업 육성으로 방향키를 돌리기 시작했다.

아직 모색하는 단계이기는 하지만 일본을 비롯한 6개국의 중앙은행과 국제결제은행BIS도 중앙은행 디지털 화폐CBDC 논의를 진행하고 있다. 앞으로는 금융업계만이 아니라 비금융업계에도 응용이 진행될 것이다.

블록체인의 본질은 정보의 부정과 조작이 불가능한 신뢰성에 있다. 호적 등도 블록체인을 이용하여 온라인 시스템으로 관리함으로써 다양한 인증이 가능해진다. 앞으로는 블록체인이나 인공지능AI 지식을 가진 사람이 성공하게 될 것이다. 이 분야에 대해서는 흥미가 있으면 단단히 공부할 것을 권한다.

앞으로 종이는 점차 사라질 것이다. 옛날에는 주식을 매매할 때 종이에 주문 내용을 쓰고 벨트 컨베이어에 올려 누군가에게 건네지고 나서 증권거래소로 보내졌다. 주식만이 아니라 대부분의 거래나 일에 종이가 필요했다.

하지만 지금은 컴퓨터나 스마트폰을 조작하면 모든 것이 가능하게 되었다. 주문 한 건의 집행에 필요한 사람 수는 당시의 수십 명에서 지금은 수 명 정도로 줄었다. 앞으로 한 사람도 필요하지 않게 될지도 모르고, 인공지능이나 블록체인은 지폐나 종이 관련 직업을 점점 파괴할 것이다.

앞으로 수백만 명의 은행원들이 일자리를 잃게 될 것이다. 많은 은행은 통폐합될 가능성이 있고, 앞으로 어떻게 될지 모른다. 우리의 아이가 어른이 되었을 때 은행에 갈 일은 없어질 것이다. 블록체인 등의 기술 혁신은 수많은 사람들을 풍요롭게 하는 것임과 동시에 수많은 사람들로부터 일자리를 빼앗게 될 것이다.

그래도 과도하게 비관할 일은 아니다. 전기나 컴퓨터의 발명도 마찬가지로 이 세상에서 다양한 직종을 없앴다. 그러나 동시에 새로운 기회와 새로운 일자리를 만들어 냈다. 프로그래머라는 직업이나 소프트웨어라는 거대 산업이 과거의 일자리를 대체했기 때문이다.

가상통화로 정부에
반역하는 사람들은 승리할까

비트코인을 비롯한 가상화폐의 미래는 블록체인과 전혀 다르다. 미래에 모든 화폐는 디지털화되어 컴퓨터상에서 거래될 것이다. 그렇게 되면 지금 거래되고 있는 가상화폐는 어떻게 될까?

지난 몇 년 사이 중국에 가면 이제 택시 요금을 현금으로 지불할 수 없다. 얼마 전에 베이징에서 아이스크림을 샀을 때도 현금을 받지 않았다. 중국의 전자 화폐인 WeChat Pay는 바로 생활에 필수적인 것이 되었다. 이것으로 국민의 소비 동향을 세세하게 모니터할 수 있기 때문에 중국 정부는 캐시리스화에 대찬성인 것이다.

애초에 국가가 지폐를 찍어 내고 유통시키는 것에는 방대한 비용이 든다. 지폐 관리에는 굉장히 많은 품이 들고 정부는 그것이 어디에 쓰이는지 감시할 수가 없다. 그러나 디지털 화폐는 비용을 삭감할 수 있는 데다 감시도 할 수 있기 때문에 정부로서는 굉장히 편리한 것이다.

나는 개인적으로 감시받는 것을 싫어하지만 이미 몇몇

나라에서 일어나고 있는 일이라 어쩔 수 없다.

디지털 화폐는 정부가 컨트롤하게 된다. 역사를 봐도 대부분의 경우는 정부가 화폐를 독점하고 있고, 정부는 화폐를 통제할 수 없는 것을 싫어한다.

가상화폐의 참가자는 "우리는 정부보다 머리가 좋다"고 주장한다. 나는 그것을 의심하지 않지만 정부는 총과 법률을 갖고 있기 때문에 그들은 거스를 수 없다.

100년 전에는 누구나 좋아하는 물건을 화폐 대신 사용할 수 있었다. 그러나 80년 전에 영국의 중앙은행이 "우리가 발행하는 지폐 이외의 것을 사용하면 반역죄로 처형한다"고 선언했다. 누구나 처형당하고 싶지 않았기 때문에 모두가 다른 화폐를 쓰는 걸 그만두었다.

가상화폐도 마찬가지다. 화폐로서 가치가 인식되고 성공하기 시작하면 각국 정부가 모든 가상화폐를 독점할 것이다. 현재는 다양한 사람들이 가상화폐를 매매하고 있고 가격이 급등하고 있다. 그들이 보기에 투자일지도 모르지만 내게는 버블의 징조이고 그저 투기처럼 느껴진다.

지금은 그냥 버블 시기다. 누군에게 "비트코인의 가치는?" 하고 물어도 대부분은 구체적으로 대답할 수 없을 것이다. 하지만 그들은 비트코인을 갖고 있다. 나 자신은 지금 집에 있는 은잔이 얼마나 할지 확실히 알 수 없지만 비트코인보다는 재료의 가치를 알고 있다고 생각한다.

지금 비트코인에 투자하고 싶은 사람에게 충고한다면, 앞에서 말한 GAFA와 마찬가지다. 자신이 굉장한 능력을 가진 단기 투자자라고 생각한다면 매매해봐도 좋을 것이다.

내가 월가에서 일했던 무렵의 전 동료 중에도 굉장한 모멘텀 투자자가 있었다. 그는 늘 뭘 거래하고 있는지도 모른 채 매매를 하고 있었다. 그것으로 꼬박꼬박 성공하고 있었던 것이다. 그는 수십 년 동안 거래하는 동안 자세한 것을 조사하지 않아도 주식이 얼마나 나돌고 있는지 등의 구체적인 정보를 감지할 수 있게 되었을 것이다.

비트코인을 제대로 거래하기 위해서는 이 정도의 거래를 할 수 있는 사람이 아니면 안 될 거라고 생각한다. 사실 보통의 개인 투자자가 매매하고 있는 것 같지만, 나는 그런 사람에게는 비트코인의 거래를 권하지 않는다. 언젠가 오를 거라며 계속 갖고 있어도 가상화폐는 곧 정부에 의해 독점되고 말 것이기 때문이다.

국가의 지원금이나 기본소득은
마이너스 기록

코로나 쇼크로 전 세계의 경제가 타격을 받고, 그로 인해 국가가 국민에게 지원금을 지급하는 움직임이 가속화하고 있다. 일본에서도 전 국민에게 일률적으로 10만 엔을 지급했다고 들었다. 그러나 공짜로 지급하는 지원금이나 지금까지도 논의되어 온 기본소득 등은 세계의 미래에 심대한 문제를 일으킬 것이다. 우리의 불쌍한 아이들이 미래에 이 계산서를 처리하게 될 것은 틀림없는 사실이다.

시간이 지나면 '2020년에 지원금을 받았다'는 사실을 아무도 기억하지 않겠지만 방대한 부채만은 기록에 남을 것이다. 부채는 우리의 기억처럼 간단히 사라지지 않고 나라에 큰 부정적인 흔적을 남긴다.

이미 일부 국가에서 도입이 시작되고 있는 기본소득 같은 것도 인간의 본성을 바꾸려고 하는 발상이고 어리석은 것이라고 생각한다. 수천 년의 역사에서 인류는 서로 경쟁을 하기 위한 게임을 생각해 내고 한편이 다른 편을 이기려고 함으로써 점점 진보하고 풍요롭게 생존해 왔기 때문이다.

사람들이 경쟁하며 일하는 인센티브를 갖지 않는다면 우리는 더는 진보하지 못할 것이다. 수백 년 동안 정치가, 철학자, 신학자 등 다양한 사람들이 빈곤 문제를 해결할 방법을 논의해 왔다.

그러나 지금까지 자본주의만이 사람들에게 힘내서 일하고자 하는 인센티브를 주는 시스템이었다.

아무도 이길 수 없는 게임은 존재하지 않고, 게임에 참가한 전원이 같은 결과가 되기 때문에 애초에 게임 자체가 성립하지 않는다. 승부를 겨루지 않고 축구 같은 경기를 했을 경우 굉장히 지루할 것이다. 경쟁은 없어지고 게임 참가자도 없어질 것이다. 따라서 기본소득이라는 발상은 어리석은 정책이라고 생각한다.

아이가 무슨 일이 있어도 자기 차를 갖고 싶고 돈만 있으면 소유할 수 있다는 사실을 알 경우, 그 아이는 미래에 어른이 되면 열심히 일해서 차를 사려고 노력할 것이다.

하지만 아무리 노력해도 차를 소유할 수 없다는 것을 안다면 필사적으로 일할까. 아무리 분발해도 노력이 보상을 받지 못한다면 인간은 아무도 일하는 기쁨 같은 걸 느끼지 못한 채 모두 드러누워 게으름을 피우게 될 것이다. 예전의 사회주의 사회에서는 예외 없이 그런 문제가 일어났다.

나 자신이 일해서 보수를 얻는 기쁨을 안 것은 다섯 살 때였다. 아이가 일해서 돈을 번다는 것은 당시 내가 자란 앨라배마주의 작은 도시에서는 아주 당연한 일이었다. 야구장에서 코카콜라를 팔고 있는 여성이 있었는데, 나는 관객이 다 마신 빈병을 모으는 일을 도와주게 되었다. 그녀는 급료를 정확히 주었다.

그리고 그 이듬해부터 나는 남동생과 함께 야구장에서 땅콩과 코카콜라를 팔게 되었다. 이것이 자본가로서 장사의 기초를 배우는 데 좋은 기회가 되었다. 그 뒤 나는 아버지에게서 돈을 빌려 땅콩을 볶는 기계를 사기로 했다. 볶은 땅콩이 더 잘 팔린다는 것을 알았기 때문에 스스로 결정한 것이다. 그리고 5년간 계속 팔아서 아버지에게 빌린 100달러를 다 갚을 수 있었다.

그 시점에 100달러의 이익도 냈다. 친구와 노는 것보다 장사를 하는 것이 즐거웠는데, 그것은 분발할수록 이익을 얻을 수 있다는 인센티브가 있었기 때문이다. 나는 어렸을 때부터 그것을 피부로 느끼고 배울 수 있었다.

지금도 나는 투자 대상 기업을 볼 때 맨 처음에 경쟁 상황을 체크한다. 경쟁이 없으면 그 비즈니스나 업계 자체가 장기적으로 성공할 확률이 낮은 것이다.

자본주의보다 좋은 시스템은 발견되지 않았다

전 세계에서 자유 경쟁으로 인한 패자가 많이 나오고 격차가 커지고 있는 것은 문제다. 하지만 지금 자유시장 경제를 대체할 시스템은 없다. 빈곤과 부정을 근절시키는 활동을 전개하는 유엔 NGO인 옥스팜 인터내셔널Oxfam International의 보고서에 따르면 '2019년 시점에 세계의 2,153명의 억만장자가 가진 부는 세계 인구의 60%에 해당하는 46억 명이 가진 부의 합계보다 크다'는 아주 충격적인 숫자를 발표했다.

빈부격차는 상상을 뛰어넘는 규모가 되었다. 내가 살고 있는 싱가포르는 일본 미디어 등에서 부자 나라로 소개되는 일도 많은 것 같다. 확실히 세계적으로 보면 유복한 나라이기는 하지만, 부유층이 파티에서 한 병에 수만 달러나 하는 술을 마시는 일도 있는 반면 저소득층의 임금 상승은 얼마 안 된다.

주택 가격 등도 부유층의 투자로 점점 높아지는데 중간층 이하의 임금은 그것을 따라가지 못해 그들에게는 손에 닿지 않는 것이 되어 간다. 그런 자유시장 경제는 '불평등과 빈곤을 낳는다'고 하는 사람도 있을 것이다. 하지만 그렇다고 해서 공산주의, 사회주의의 계획 경제는 그보다 좋은 시스템일까. 자유시장 경제에 문제가 있지만 지금 이상의 시스템은 발견되지 않았다. 그리고 가장 나쁜 시스템이 아니라는 것도 분명하다.

중국은 나라를 다 파괴한 계획 경제에서 자유시장 경제로 눈을 돌린 이후 경이적인 성장을 이룩했다. 중화인민공화국을 건국한 마오쩌둥은 불평등이나 격차를 해소하려고 했지만 성공하기는커녕 전보다 훨씬 나쁜 상황을 낳고 말았다. 원래 무척 근면했던 중국 사람들이 전혀 일하지 않게 되었던 것이다. 구소련이나 동구권 나라들에서도 계획 경제는 똑같은 결과를 낳았다.

물론 지금 중국의 도시 지역과 농촌 지역의 격차 확대는 해결하지 않으면 안 되는 문제이기는 하다. 다만 부의 불평등한 분배에 대해서는 수 세기에 걸쳐 유식자들이 논의해 왔지만 아직 아무도 해결책을 발견하지 못한 것도 사실이다.

●
일본은 증세해도
빚이 줄지 않는다

일본에서는 "채무가 방대해졌기 때문에 좀 더 증세를 해야 한다"는 보도도 있는 것 같다. 일단 일본 정부는 자국의 빚에 대해 덧셈을 할 줄 아는 것 같아 안심했지만, 핵심인 대처법이 잘못되었다.

일본만이 아니라 미국이나 다른 나라도 대처를 잘못하고 있다고 생각하는데, 증세는 경제에 좋은 일이 별로 없다. 세수를 늘리는 것은 간단하기 때문에 정치가들은 늘 이런 방식을 선호한다. 빚을 늘리고 증세를 되풀이하는 것은 더욱 간단하기 때문에 더욱 선호된다.

증세하면 국민이 쓸 수 있는 현금이 줄어든다. 그러나

일본 정부는 '국민보다 돈을 쓰는 방법이 능숙하다'고 생각하고 있기 때문에 증세하게 될 것이다. 나는 나라보다 자기 자신이 돈을 쓰는 방법이 능숙하다고 생각하고, 나의 아내도 정부보다 돈을 쓰는 방법을 더 잘 알고 있다. 아마 이 책의 독자 여러분이나 일본 국민 대부분이 그렇게 생각하고 있을 것이다.

어디로든 갈 수 없는 고속도로나 새로운 신칸센 같은 건 건설하지 않는 것이 더 좋을 것이다. 하지만 정부가 이용하지도 않는 고속도로를 건설하기 위해 새로운 조직을 만들어 사람을 채용하면 채용된 사람이나 그 관계자만은 정부에 감사할 것이다.

하지만 이는 나라의 미래에 좋지 않다. 채무를 줄이기 위해서는 세출과 세금을 줄이지 않으면 안 된다. 내가 나라의 정상이라면 국민이 쓸 수 있는 돈을 늘려 적극적으로 소비하도록 하고 싶다. 하지만 나의 생각이 채택되는 일은 결코 없을 것이다.

코로나로 이동이 제한된 뒤 누구나 싸게 여행을 하고 싶다고 생각하기 때문에 일본의 Go To 캠페인을 이용하는 사람은 아주 많을 것이다. 눈앞의 일만 생각하면 올해의 소비에는 좋을지도 모른다. 하지만 그것으로 미래에 변제해야 할 빚은 또 늘어난다. 세출을 줄이고 세금을 줄이지 않으면 안 될 때 Go To 캠페인 같은 것은 역효과를 낼 것이고, 정치가들의 표를 모으는 행위에 지나지 않는다.

●
코로나로 빈사 상태가 된
관광업에
기회는 있을까

2020년은 코로나의 팬데믹으로 세계 각국이 입국을 제한함으로써 항공업계나 관광업계는 초대형 타격을 입었으므로 업적이 크게 떨어지는 일은 피할 수 없었다.

작은 항공회사 몇 군데는 이미 도산했다. 하지만 나는 중국을 비롯한 아시아 관광업의 미래에 대해 장기적으로 긍정적으로 보고 있다.

21세기는 아시아의 세기라고 거듭 말했는데 그것은 숫자로도 드러나고 있다. 2018년 세계 전체의 국제 관광 수입은 전년 대비 약 5% 증가했지만 아시아·태평양은 세계

평균을 웃도는 9% 증가로 현저하게 늘어났다.

코로나 재앙 전까지는 일본을 방문하는 여행자도 늘었는데 그 대부분은 중국인이었다. 그리고 38도선이 열렸을 때의 한반도 관광도 전망이 밝다고 생각한다.

일본인은 꽤 오래전부터 해외여행을 해 왔지만 중국인은 수십 년이나 자유로운 해외 도항이 허락되지 않았다. 하지만 최근 들어 여권이나 관광 비자의 취득이 쉬워졌다. 누가 뭐래도 중국의 인구는 14억 명이나 되어 그들은 세계를, 그리고 자기 나라의 다른 도시를 보러 가고 싶어 견딜 수가 없다.

사람은 해외여행을 한 번이라도 경험하면 '좀 더 다른 나라를 보고 싶다'고 생각하는 욕구를 억제할 수 없게 된다. 나는 두 번 세계일주를 하고 그 뒤에도 한 해에 수십 번이나 해외에 다녔지만 질리는 일은 전혀 없다. 79살이 된 지금도 싱가포르의 창이 공항으로 향할 때는 늘 가슴이 두근두근한다.

한국은 지금까지 '외국인이 가보고 싶은 장소'로서 주목을 받은 일이 없었다. 하지만 가까운 미래에 38도선이 열리면 '북한에 자유여행으로 최초로 갔다'고 주장하고 싶은

대전환의 시대

모험심 강한 관광객이 모여들 것이다. 그리고 한국에 도착해보면 근사한 건조물이나 자연을 보게 된다. 한반도의 풍부한 식문화에 감동하는 사람도 많이 나올 것이다(나는 개인적으로 한국 요리를 그다지 좋아하는 편이 아니지만 좋아하는 사람은 많다고 생각한다). 그렇게 되면 한반도는 향후 20년간 세계적으로 유명한 관광지가 될 것이다.

한반도는 면적이 그다지 넓지 않기 때문에 관광객은 한 번의 여행으로 북한에도, 한국에도 갈 수 있을 것이다. 그렇게 되면 한반도와 주변 항공회사, 호텔업 등은 큰 성공을 거둘 것으로 예상한다. 나는 대한항공 주식을 다소 갖고 있다. 미래를 생각하면 투자처로서 유망하다고 생각한다.

아울러 평소라면 연간 수십 번이나 비행기를 이용하는 내가 지금 무척 좋아하는 항공회사는 일본의 ANA나 아랍에미레이트의 에미레이트 항공 등 중동의 항공회사다. 특히 중동의 항공회사는 최근 대량의 자금을 투입하여 서비스가 현저하게 좋아졌다. 기내의 스태프들도 일을 즐기고 있는 것이 보이기 때문에 유망하다고 생각한다. 일을 하며 늘 비참해 보이는 미국 항공회사의 스태프들과는 아주 다르다.

최근에는 항공회사가 사람이 아니라 화물을 운송하고 있다고 한다. 하지만 조금씩 사람을 태운 비행기가 비행하게 될 것이고, 코로나 치료제나 백신이 나와 세계에 안심감이 퍼지면 관광업은 지금까지 이어 온 장기 성장 트렌드로 돌아갈 것이다. 2018년부터 2038년 사이에 세계의 항공 여객 수요는 2.3배 늘어날 것으로 예측되었다. 세계의 전체 인구가 늘어나는 가운데 여행자가 줄어들지 않을 것이고 관광업계의 성장이 계속될 것으로 확신하고 있다.

●
일본의 관광업은
부활할까

나는 일본 정부의 Go To 캠페인 같은 건 전혀 찬성하지 않지만 일본의 관광업 자체에 대해서는 한반도와 마찬가지로 무척 긍정적으로 보고 있다. 경제 성장이 두드러진 중국이나 베트남 등의 동남아시아와 지리적으로 가깝다는 이점도 있어 일본은 방일 외국인inbound을 연간 3,000만 명 이상까지 급증시켜 왔다.

코로나의 영향으로 2020년 일본을 찾는 방문객 수가 크게 떨어지는 것은 피할 수 없다. 하지만 이는 일본만의 문제가 아니라 전 세계의 문제다. 따라서 어쩔 수 없는 일이라고 생각할 수밖에 없다.

각국 정부의 향후 대응을 지켜볼 필요가 있지만, 그 문제는 언젠가 진정될 것이다. 그때 치안이 좋고 매력적인 관광 자원을 갖고 있는 일본은 승자 그룹의 일원이 될 것이다.

나와 내 가족은 일본을 무척 좋아한다. 개인적으로는 세계 제일이라고도 생각되는 식문화를 가진 일본을 방문하고 싶어 하는 외국인은 앞으로도 늘어날 것이다. 나는 일본 음식을 전반적으로 좋아하지만 그중에서도 특히 장어를 무척 좋아한다. 한 번 먹으면 포로가 되는 외국인이 많을 것이다.

게다가 역사가 있는 신사와 절이나 거리, 풍부한 자연 등 관광 자원이 많기 때문에 2021년에 올림픽이 개최된다고 하면 그 뒤에도 일본에 대한 세계의 관심은 계속될 것이다. 관광 산업은 일본에서 장기적인 추세로 성장을 전망할 수 있는 얼마 안 되는 분야라고 할 수 있다.

나는 일본은행에 편승하여 구입한 일본 주식의 상장지

수펀드 외에 개별 종목으로는 2020년 3월 일본의 선박 관련 종목을 약간 샀다. 호텔 등의 관광 관련 주식을 되사는 것도 검토하고 있고, 오래된 민가를 재생하는 사업에 투자하는 데도 흥미를 갖고 있다. 일본의 전통적인 오래된 민가를 숙박할 수 있도록 재생하면 외국인 관광객에게는 도쿄의 고급 호텔보다 훨씬 매력적인 장소로 비칠 것이다. 이것들을 갖춘 기업이 체인 사업으로 제대로 한다면 막대한 이익을 올릴 수 있을 것으로 예상된다.

●
농업의 미래는 더욱 밝아진다

코로나로 인해 나는 원래 유망하게 보고 있던 농업에 대해 더욱 긍정적으로 보게 되었다. 많은 선진국에서 이미 그렇지만, 예컨대 미국에서는 미국인 농업 종사자의 후계자가 적기 때문에 이민자들이 밭을 일구고 있다. 유럽의 많은 나라들도 마찬가지 상황이다. 하지만 코로나의 영향으로 나라가 봉쇄되어 이민자의 출입이 제한된 가운데 농업의 규모는 더욱 한정되어 앞으로 농작물 가격은 더 올라갈 것으로 예상한다.

제1장에서도 말했지만 현재의 설탕 가격은 최고가에서 80% 떨어졌다. 고가에서 이렇게까지 떨어진 자산이 달리 있을까.

그리고 금융시장을 보면 대부분의 자산은 한 번 떨어져도 고가로 돌아가는 경향이 있다. 100년 뒤가 될지도 모르지만 언젠가는 올라갈 것이다. 예컨대 면화의 가격은 한차례 0.5센트에서 1.2달러까지 올라갔다. 그 100년 뒤에는 면화가 다시 고가를 갱신했지만 상당한 시간이 걸렸다.

농업에서 큰돈을 벌고 싶으면 우선 자신이 농업인이 되어야 한다. 특히 일본에는 지방에 많은 토지가 있다고 들었다. 인구는 대도시 하나에 집중되어 있고 지방의 토지 가격은 하락해 있다. 코로나로 조금은 지방으로 이동하는 사람이 늘지도 모르지만, 아무튼 시골에서 밭을 일구는 사람이 필요한 것이다. 과감하게 농장을 사면 된다. 그리고 거기서 일해 줄 인재는 외국인 노동자가 좋겠지만, 코로나로 외국인의 출입국이 한동안 제한될 것이기 때문에 우선은 건강한 장년기 일본인을 부르는 것도 좋을지 모른다. 최근에는

60세 이상도 옛날에 비해 젊고 원기나 기력도 남아도니까 정년 뒤에 제2의 인생을 농업에서 찾게 하면 좋을 거라고 생각한다.

내 책의 독자로 농업인이 된 일본인이 있는 듯한데, 그는 내 저서를 읽고 앞으로 인플레이션이 올 것이라고 생각해 샐러리맨을 그만두고 농업인이 되기로 결심한 모양이다. 일본의 농업 종사자의 평균 연령은 67세(2019년 현재)로 굉장히 많다. 일본만이 아니라 유럽과 미국에서도 같은 상황인 것으로 보인다.

세계적으로 봐도 농업에 관심을 가진 사람이 적지 않다. 미국에서는 농업보다 홍보나 PR 공부를 하는 사람들이 훨씬 많고, 아무도 농업인이 되고 싶어 하지 않는다. 문제는 세계의 인구 피라미드가 고령화하고 있기 때문에 미래에 농업 종사자가 좀 더 부족해질 것이다.

일본은 농업 분야에서 기능 실습생 외국인을 받아들이게 되어 있지만 아직 그 수는 한정적이다. 인력 부족을 해소할 만한 숫자라고는 말할 수 없다. 일본의 뛰어난 로봇 기술을 좀 더 활용하면 좋을 것이다.

로봇, 드론, 인공지능 등의 최신 테크놀로지를 활용하여 농업에 혁신을 일으킨다면 일본에 비즈니스 기회는 많아질 것이다. 앞으로 농가에서 일하는 사람이 람보르기니를 타게 된다면 젊은이도 농업에 관심을 가지게 될 것이다.

그래도 농업인이 되고 싶지 않다면 앞에서 말한 설탕 등 농업 종목의 선물이나 트랙터 회사, 비료 회사의 주식을 사면 될 것이다. 또는 농산물 관련 상품 상장지수펀드도 구입할 수 있다.

제2장에서 현 시점에 여성이 지도자인 나라의 주식은 소유하지 않았다고 말했는데 뉴질랜드 같은 나라는 농업이 활발하기 때문에 장기적으로는 투자 대상으로 매력적일 거라고 생각한다.

●

마리화나에는 거대한 비즈니스 기회가 잠자고 있다

일본을 포함한 많은 나라에서 마리화나는 합법이 아니다. 내가 살고 있는 싱가포르에서 마리화나는 여전히 엄중하게 금지되어 있고, 소유하고 있는 것만으로도 형무소에 들어가게 되어 있다.

다만 최근 들어 합법화되는 나라가 늘어나고 있다. 마리화나는 왜 중독성이 있다고 여겨지고 많은 나라에서 위법이 된 것일까. 그 기원은 100년쯤 전으로 거슬러 올라간다.

당시 미국의 윌리엄 랜돌프 허스트라는 신문 왕이 신문을 팔기 위해 마리화나 규탄에 힘을 쏟았다. '마리화나는 악이고 끔찍한 것이다'라는 캠페인을 실시한 것이다.

목재가 아니라 마펄프에서도 신문지의 재료인 종이를 얻을 수 있다. 허스트는 자신의 신문을 판매하기 위해 그것에 필요한 산업을 억눌렀다. 마 산업이 커지는 것은 펄프 산업에 위협이 된다고 생각했을지도 모른다. 실제로 신문지에는 마펄프로 만들어진 종이가 사용되었던 시대이기도 했다.

허스트가 마리화나를 적으로 돌린 결과 마리화나는 위법이 되었다. 미국이 위법으로 했기 때문에 다양한 나라에서도 그것을 따라했던 것이다. 하지만 마리화나에 해가 적다는 것은 과학적으로 증명되어 합법화의 흐름이 세계로 퍼져나가고 있다.

마리화나보다 알코올이 더 위험할지도 모르는데, 무엇

이 위험한지를 결정하는 것은 세계 각국의 정부다.

알다시피 미국에서는 마리화나가 합법이 되어 가고 있다. 이미 확고한 세수가 되고 있다. 콜로라도주를 보면 그것은 분명하다. 캐나다에서는 법제화로 합법, 비합법이 명확히 되었고 콜롬비아에서도 이용 목적에 따라 합법이고 태국에서도 의료용 마리화나는 합법화되었다.

의료적으로 위험하다는 조사 결과는 그다지 보이지 않는다. 그리고 의료적인 이유로 마리화나를 필요로 하는 사람들도 있을 테니 합법화 경향은 변하지 않을 것이다.

이는 마리화나에 거대한 비즈니스 기회가 존재한다는 것을 의미한다. 복수의 주류 메이커가 이미 마리화나 사업에 착수하고 있고 캐나다에서는 대기업도 참여하고 있다.

코로나 맥주로 유명한 미국의 대형 주류 메이커 컨스텔레이션 브랜즈Constellation Brands는 캐나다에서 마리화나를 재배하고 가공하는 기업의 주식을 약 4,200억 엔을 투입하여 취득했다. 캐나다의 의료용 대마 기업인 틸레이Tlry도 맥주의 세계 최대 기업인 벨기에의 안호이저 부시 인베브Anheuser-Busch InBev와 제휴하여 대마가 들어간 음료를 개발하고 있다.

담배 회사도 적극적으로 나서고 있는데, 말버러로 유명

한 미국의 대형 담배 회사인 알트리아는 캐나다의 마리화나 기업에 대규모 투자를 하고 있다. 마리화나 관련 스타트업도 차례로 주식을 상장하고 있고, 다음의 성장 산업으로서의 기대도 높다.

지금 미국의 많은 주가 마리화나를 합법화하는 것은 카지노와 마찬가지로 세수를 기대할 수 있기 때문이다. 미국에는 예전에 금주법이 있어서 술을 마시는 것이 불법이었다. 하지만 지금은 합법이다. 정부는 이것에 과세함으로써 많은 세수를 얻을 수 있다.

●
SDGs나 ESG 투자는
이제 무시할 수 없다

2015년 유엔의 지속 가능한 개발 정상회의에서 채택한 지속가능발전목표SDGs는 세계적인 과제가 되었다. 이제 어느 나라도 자국의 사정만을 우선하여 환경 문제를 경시하는 것이 허락되지 않는다.

코로나 재앙으로 더욱 환경 문제에 세계적인 관심이 모

여 환경보호Environment, 사회 공헌Social, 윤리경영Governance에 주목하는 ESG 투자도 인기를 얻고 있다. 최근에는 ESG나 SDGs를 중요시하는 투자가가 많고 커다란 운동이 되고 있기 때문에 나도 그런 트렌드에 맞춰 투자를 하지 않으면 안 된다고 생각한다.

금융 위기로 파산한 리먼 브라더스에도 예전에 상품의 투자가 적확한지를 판단하는 부서가 있었다. 2008년에 파산하기 전에는 리스크 부문이나 다양성diversity 부문이 있었는데 다양성 부문이 리스크 부문보다 훨씬 컸다.

마찬가지로 ESG나 SDGs 투자가 부문으로 커질 거라고는 말하지 않겠지만, 틀림없이 크게 주목을 받게 될 것이다.

하지만 나의 우선순위로 보면 지금은 맨 마지막 쪽이라고 생각할 수밖에 없다. 기업이 할 수 있는 최선은 이익을 내는 것이라고 생각하기 때문이다. 이익을 얻으면 그 이익으로 기부 같은 것을 통해 사회에 공헌할 수 있을 것이다.

다만 앞으로는 그것을 고려하지 않으면 안 된다. 만약 ESG 기준을 충족하지 못하는 기업이라면 아무도 사지 않게 되기 때문이다. 나는 게으른 사람이라서 ESG 점수 같은 것은 보지 않는다. 좀 더 중요시해야 한다고 생각하지만,

지금은 거기까지 주목하지 않고 있다. 하지만 군중심리가 ESG에 주목한다면 적어도 따라가지 않으면 안 될 것이다.

지금까지 인류는 경제 발전과 교환하여 환경을 오염시켜 왔다. 일본에서도 미나마타병*을 비롯한 공해가 사회문제가 되었다. 중국이나 인도의 대기는 PM 2.5로 오염되었고, 그것이 원인이 되어 많은 사람이 죽었다.

코로나의 영향으로 사람이나 비즈니스의 움직임이 제한되어 중국의 하늘이 깨끗해졌다는 보도가 있었다. 하지만 경제가 재개되면 예전 상태로 돌아갈 것이다. 이산화탄소 배출량도 큰 문제가 되고 있다. 국제사회는 중국이나 인도를 엄중한 시선으로 보고 있기 때문에 환경 문제 해결에 노력하는 자세를 보일 필요가 있다.

중국의 국민 한 사람 한 사람의 환경 의식도 이전보다 급속히 높아지고 있다. 나는 예전부터 중국의 물 관련 회사 등 환경오염 대책 그 자체를 가능성이 큰 비즈니스로 주목

---

* 수은 중독성 신경 질환이다. 1956년 일본 구마모토현의 미나마타시水俣市에서 메틸수은이 포함된 어패류를 먹은 주민에게서 집단적으로 발생하여 큰 사회 문제가 되었다. 문제의 메틸수은은 인근의 화학 공장에서 바다에 방류한 것으로 밝혀졌고, 2001년까지 공식적으로 2,265명의 환자가 확인되었다.

대전환의 시대

하고 있다. 코로나 쇼크에 따라 그런 경향은 더욱 강해질
것이다.

제5장

대전환하는 세계에서 이겨 나간다

Jim Rogers

미래는 역사가
가르쳐준다

신형 코로나 바이러스는 인류가 처음으로 직면한 팬데믹이 아니다. 과거를 돌아보면 1918년 스페인 독감이 유행했을 때는 세계에서 약 5억 명이 감염되어 4,000만 명 이상이 사망했다고 한다.

그리고 1957년에 유행하기 시작한 아시아 독감으로 세계에서 약 200만 명이 사망한 것으로 추정된다. 이번 세기에 들어 2003년의 사스^{중증급성호흡기증후군}, 2009년의 신형 인플루엔자 등 과거 100년 동안 세계는 팬데믹을 여러 차례 경험했다.

매번 완전히 같은 사건이 일어나는 것은 아니지만 바이러스만이 아니라 어쩐지 비슷한 형태의 사건은 몇 번이고 되풀이되고 있다. 전쟁, 기아, 불황, 외국인 박해, 무역 전쟁, 이민 문제, 기후 변동, 바이러스 문제. 이러한 문제는 형태를 바꿔 몇 번이고 일어나고 있는 것이다.

역사는 운율을 반복한다.* 이는 작가 마크 트웨인의 말이라고 한다. 전 세계에서 날마다 다양한 일이 일어나고 있는데 대부분의 사건은 이전에도 일어난 일이다.

지금까지 세계를 뒤흔들고 있는 코로나 쇼크 뒤에 나는 어떤 생각으로 무엇에 투자해 왔는가, 그리고 어떤 나라와 무슨 상품의 미래에 희망을 가졌는가를 해설해 왔다. 그런데 현재와 유사한 문제가 이전에 어떻게 일어났는지를 이해하면 현재의 상황을 어느 정도 파악할 수 있다. 그것이 어떤 결말을 맞을 것인지도 어느 정도 예측할 수 있다. 역사는 반복되지만 같은 일을 반복하는 것이 아니라 운율이 반복되듯이 조금씩 형태를 바꿔 가며 반복을 계속한다는

---

* 과거는 그대로 반복되지 않을지라도 그 운율은 반복된다고 했다.

사실을 기억해 두었으면 한다.

누구든 미래를 향하여 성공하고 싶다면 투자든 비즈니스든 미래를 예측할 필요가 있다. 회사원도 운동선수도 성공하기 위해서는 앞을 내다보는 것이 중요하다.

누구나 미래를 예측할 수 있는 초능력자는 아니다. 그러나 과거에는 미래를 전망하는 힌트가 있다고 생각한다. 실제로 나는 늘 역사의 흐름에서 몇 년 전을 보려고 한다. 역사는 '돈이 어떻게 움직이는가'에 대해 앞을 내다볼 힘을 가르쳐준다.

나는 젊었을 때부터 열심히 역사를 배우기도 해서 갖가지 예측을 적중시켜 왔는데, 과거와 현실을 대조하여 앞으로 일어날 일을 과거의 사례에서 도출해 왔다. 역사를 돌아보고 미래를 예측하는 이런 사고력을 습득하는 것은 큰 힘이 될 것이다. 여기서부터 우리를 둘러싼 세계가 15년 뒤, 20년 뒤에 어떻게 변할지를 구체적으로 생각해보고자 한다.

15년 뒤의 세계에서
변하는 것과 변하지 않는 것

전염병 등의 팬데믹은 옛날부터 존재했기 때문에 15년 뒤의 세계를 생각해보면 새로운 바이러스가 나올지도 모른다.

앞 장에서도 말한 것처럼 15년 뒤에 한반도는 온갖 의미에서 세계에서 가장 뜨거운 장소가 될 것이다. 이대로라면 일본은 안타깝게도 데모 등의 혼란이 예측되기 때문에 나쁜 의미에서 흥미진진^{exciting}해질지도 모른다. 앞으로 일본에서는 국민의 파업^{strike}이 일어날지도 모른다. 15년이랄 것도 없이 당신의 아이가 어른이 되었을 때는 확실히 일어날 것이다.

안타깝게도 양국의 정치가는 서로를 매도하고 있을 뿐이다. 일본과 한국도 협력하면 좋겠지만 서로를 적대시하고 나라를 성장시킬 기회를 놓치고 있다.

한일간 해저 터널을 만들자는 이야기도 있다. 두 나라가 서로 협력하여 이런 이야기를 좀 더 진행시켜야 한다. 언젠가 터널을 이용하여 차를 타고 도쿄에서 서울을 경유하여 런던까지 갈 수 있는 날이 온다면 얼마나 멋진 일일까. 서

로를 욕하는 것이 아니라 이런 프로젝트에 적극적으로 나
서면 좋을 것이다.

한국, 북한의 주요 데이터

한국		북한
5171만 명	인구	2567만 명
5422억 달러	수출 총액	2억 달러
5033억 달러	수입 총액	30억 달러
7142만 톤	조강粗鋼 생산량	125만 톤
82.63세	평균 수명	72.10세

자료 : GLOBAL NOTE   출전 : 세계은행, UNCTAD

명목 GDP

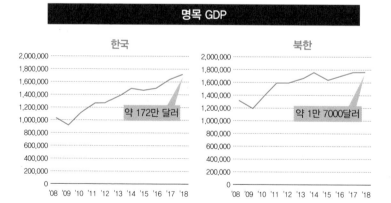

1인당 명목 GDP

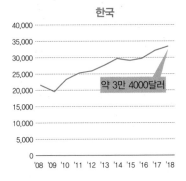

한국

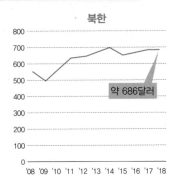

북한

자료 : GLOBAL NOTE   출전 : IMF, 유엔

이러다가 미국과 중국 사이에 진짜 전쟁이 일어날지도 모른다. 그리고 아프리카에서 농업이 활발한 나라는 성장할 것이다. 싸움만 할 것인지, 발전할 것인지를 택하는 것은 국가가 결정할 일이다. 하지만 정치가는 우선 옳은 길을 찾아낼 수 없는 존재다. 그러므로 자신들이 판단해 나갈 수밖에 없다.

대전환의 시대

재패니스 드림은
다시 만들 수 있을까

외국인 노동자는 이미 일본의 임금에 매력을 느끼지 않는다고 한다. 하지만 세계적으로 보면 아직 일본의 평균 임금은 높은 편이다. 실제로 방문하면 택시나 호텔 등은 특히 비싸다고 느낀다. 그러나 다른 나라에 비해 지난 수십 년이나 임금이 오르지 않는 것은 이상한 현상이다.

긴자에 간 적이 있는데 무척 비싼 지역이다. 그러나 맥도널드, 커피 체인점, 소고기덮밥 체인점의 가격은 오르지 않았다. 초도심부 이외의 집세도 마찬가지다. 인구가 감소하고 있기 때문에 인플레이션이 일어나지 않고 있는 것이다.

일본이 힘써야 하는 것은 무엇보다도 먼저 출산율을 높이는 일이다. 다만 현실적으로는 어려운 일이다. 그것을 할 수 없다면 유일하게 남은 선택지는 일본인 아이 대신에 이민자를 늘리는 일이다. 현재는 외국인 노동자가 임금에 매력을 느끼지 않기 때문에 일본에 오지 않는다기보다는 일본이 애초에 이민자를 받아들이지 않기 때문에 일본에 올 수 없는 것이다.

150년 전의 미국은 내전을 막 끝낸 개발도상국이었다. 전쟁 직후이고 불황에 접어든 그런 나라에는 아무도 가고 싶지 않을 것이다. 그래도 이민자는 들어왔다. 올 수 있는 기회가 있다면 이민자는 찾아온다.

일본은 어떻게 하면 좋을까. 답은 무척 간단하다. 지금 존재하는 이민, 비자, 외국인 고용, 무역 제한에 관한 법률을 모두 철폐해야 한다. 그리고 아이를 많이 낳을 수 있는 정책을 시행하고 감세를 실시하며 세출을 삭감해야 한다.

나의 이런 의견을 들어도 일본 정부는 '일본에 대해 아무것도 모르는 미친 외국인이 멋대로 된 말을 지껄인다'고 생각할 것이다. 일본은 표면적으로 외국인을 좋아한다고 말하지만 마음속으로는 좋아하지 않는다는 것은 주지의 사실이다.

일본은 외국인에 대해 모든 절차를 간소화해야 한다. 예전에 미국에서는 이민자가 배를 타고 오는 것만으로도 좋았다. 여권을 갖고 있지 않아도 미국에 입국하여 서류에 스탬프만 받으면 다음 날부터 일할 수 있었다.

그리고 미국에 살고 있는 것만으로 국민이 될 수 있었다. 일본은 다르다. 3세대째 일본에 살고 있어도 일본에서

는 간단히 국적을 취득할 수 없다. 우선 외국인의 이름으로
는 국적을 취득할 수 없어 이름을 바꾸지 않으면 안 된다.
이상한 일이다.

부모가 일본에서 태어나도, 본인이 일본에서 태어나도
일본 국민이 되는 것은 어려운 일이다. 게다가 국민이 되
었다고 해도 세계적으로 높은 세금을 지불하지 않으면 안
된다. 세계 사람들이 '그래, 좀 더 세금이 많은 나라에서 살
자'라고 생각할 리가 없다. 불편한 점은 아직 많이 남아 있
다. 미국에서 사용할 수 있는 신용카드를 일본에서는 사용
할 수 없는 경험도 하고 있고, 초밥집에서 밥만 주문했다가
거절당한 일도 있다. 여러 가지로 융통성이 없는 것이다.

싱가포르를 보기 바란다. 리콴유는 해외에서 사람을 유
치하기 위해 세금을 내리고 국적을 취득하기 쉽게 했다. 이
것이 일본과 싱가포르의 명확한 차이다.

영국 해군이 싱가포르에서 철퇴했을 때 영국은 '이것으
로 싱가포르는 끝장이다'라고 예상했다. 그러나 싱가포르가
그 뒤 엄청난 활기를 손에 넣은 반면에 영국은 문제가 산적
하여 1976년에 파산했다.*

●
일본형 이민 정책은
싱가포르에서 배워야 한다

일본은 다양한 변명을 만들어 내며 이민자를 늘리지 않으려 하고 있다. 그런데 이는 일본의 국민성이라고 말할 수 있다. 되풀이하지만 나라를 닫으면 경제는 둔화되고 나라를 열면 활발해진다. 미국이나 싱가포르를 보면 이민에 의해 경제가 활발해진 것은 분명하다. 그리고 예전에 풍요로웠던 미얀마나 가나는 그것과 대조적인 예다.

일본은 스스로 경제 둔화를 희망하는 것처럼 보인다. '이민자를 받아들일 거라면 차라리 일본이 침체되는 편이 낫다'고 생각하는 사람도 적지 않을 것이다. 특히 고령자는 그렇게 말할지도 모른다. 하지만 10살짜리 아이는 결코 그렇게 생각하지 않을 것이다.

일본이 적극적인 이민 정책을 취할 경우 유럽형이 아니라 싱가포르와 유사한 대책을 세워야 한다. 싱가포르는 이

---

* 1976년 영국병이라 불릴 정도로 지독한 불경기를 겪은 끝에 IMF의 구제 금융을 받는 치욕을 겪었다.

민을 받아들이기는 하지만 그 수용 체제는 굉장히 엄격하고 정확히 제어되고 있다.

우선 출신 대학에 따라 이주할 수 있는지가 정해진다. 영국의 명문 케임브리지대학을 졸업한 사람은 기꺼이 받아들이지만 방글라데시 출신의 버스 운전수는 쉽게 받아들이지 않을 것이다. 차별이라고 말할지도 모르지만 치안이나 경제 수준을 유지하기 위해서도 싱가포르의 이민 정책은 아주 신중하다. 만약 이민자가 위법 행위를 하면 당장 강제로 송환된다.

반대로 미국은 예전에 누구나 자유롭게 출입할 수 있었다. 어느 모델이 더 뛰어난지는 확실히 말할 수 없다. 하지만 원래 외국인을 싫어하는 경향이 있는 일본의 경우 신중하고 엄격한 싱가포르형 정책이 맞을 거라고 생각한다.

그렇다 하더라도 앞으로 일본에 필요한 이민자의 수는 방대하다. 여기서 생각하지 않으면 안 되는 문제는, 일본에 오고 싶어 하는 외국인이 미래의 일본에 오고 싶어 하는가 하는 점이다. 일본은 싱가포르와 마찬가지로 베트남의 농업인을 받아들이고 싶어 하지 않지만, 미국의 유명 가수라면 적극적으로 받아들이고 싶어 할지도 모른다.

그러나 그 가수가 15년 뒤에는 일본에 살고 싶어 하지 않을지도 모른다. 일본이 나를 받아들여줄지 모르지만, 나는 여행이 아니고는 일본에 살고 싶지 않다. 만약 일본에서 중국어를 쓰고 있고 세금이 좀 더 싸다면 가족을 데리고 도쿄에서 사는 것은 검토해도 상관없지만 말이다.

일본은 인구가 감소하는 한편 빚이 계속 늘고 있다. 2019년에 소비세가 8%에서 10%로 올랐는데 코로나 쇼크에서도 감세할 자세를 전혀 보이지 않는다. 부채의 영향으로 세금이 서서히 올라갈 것은 분명하다. 인구의 감소 경향이 변하지 않는 한 머지않아 많은 사람들이 일본에 대한 부동산 투자마저도 기피하게 될 것이다. 나도 자산의 선호를 차치하고라도, 앞으로 일본의 부동산에 투자하고 싶지는 않다.

예컨대 싱가포르는 1960년의 인구가 약 160만 명이었지만 2019년에는 약 560만 명에 달했다. 인구가 급격하게 늘어나는 나라에서는 부동산으로 돈을 버는 데 현명함은 필요하지 않다. 일본보다는 베트남이나 북한이 앞으로 훨씬 더 유망하다.

지금은 세계적으로 외국인을 내쫓고 자국민을 고용하는

풍조가 강해지고 있는데, 국민을 응석받이로 만들면 안 된다. 능력이 없는 국민을 고용하면 나라는 경쟁력을 잃고 물가 상승으로 이어진다는 사실은 역사를 봐도 명백하다. 국민이 일자리를 얻을지도 모르지만 세계와 경쟁할 수 없어지면 나라는 큰 타격을 입는다.

미국은 어떤 순간에 우연히 텔레비전을 다시 만들 수 있을까? 세계의 테크놀로지 경쟁에 도저히 따라갈 수 없기 때문에 정부의 지원이 없는 한 어려울 것이다. 다만 정부가 어떤 산업을 세금으로 지원한다면 나라의 전체적인 부는 조금씩 줄어들고 결국 물가가 올라가 생활수준이 악화될 것이다.

일본의 쌀이 바로 그것과 비슷한 상황이다. 일본 정부의 지원이 시행되고 있고 물가는 다른 나라보다 몇 배나 높다. 따라서 일본에서 쌀에 종사하는 비즈니스를 하는 데는 굉장히 많은 비용이 든다. 이런 상황이 계속되면 언젠가 나라 자체가 경쟁력을 잃는다는 것은 불을 보듯 뻔하다.

해외로 나가지 않으면
자국에 대해서도 모른다

어느 나라든 같은 말을 할 수 있는데, 더 나은 국민이 되기 위해서는 해외로 나가 세계를 알아야 한다. 해외 경험이 많을수록 자신의 나라를 잘 알 수 있다. 이는 일본인뿐만 아니라 전 세계의 사람들에게도 타당한 말이다.

코로나 재앙이기에 비록 현지에 갈 수 없다고 해도, 보도를 통해서라도 더욱 해외를 봐야 한다. 거기에서 배우는 것이 아주 많다. 투자에 흥미가 없는 사람이라고 해도, 이는 모든 사람에게 해당되는 말이다.

예컨대 뉴스를 보고 생각해보자. 여성 총통이 이끄는 타이완에서 코로나에 대해 좋은 대책을 시행한 것은 왜일까. 마찬가지로 젊은 여성이 지도자인 뉴질랜드의 재신더 아던Jacinda Ardern, 1980- 총리는 어떻게 하고 있는가. 미국의 대처법은 왜 실패했고 의료 붕괴가 일어났는가. 해외를 연구함으로써 일본인은 더욱 지식을 습득할 수 있고 더 나은 일본 국민이 될 수 있는 것이다.

나는 지금까지 오토바이와 자동차로 두 번 세계 일주를

했다. 6대륙 116개국을 방문하고 거기서 보고 경험한 것은 인생에서 그 무엇과도 바꿀 수 없는 것이 되었다. 대학에 진학하기 전에 앨라배마의 시골구석에 살고 있었을 때는 해외에 나간 적이 없었고, 주위에 그런 사람도 적었다. 그런데 역시 해외에 나간 적이 있는 사람과 자국밖에 모르는 사람은 큰 차이가 있다.

자국밖에 모르면 자국을 객관적으로 볼 수가 없다. 코로나가 수습되어 자유롭게 여행할 수 있게 되면, 특히 젊은 사람에게는 오래 살아서 익숙한 장소를 떠나 낯선 지역으로 날아가 봤으면 싶다. 거기에는 성공으로 이어지는 기회가 널려 있을지도 모르기 때문이다.

●
철학을 배우면
사물의 본질이 보인다

투자가로서 성공하고 싶다면 과거의 역사만이 아니라 철학을 배우는 것도 무척 권하고 싶다.

그중에서도 특히 관찰한 사실로부터 결론을 이끌어 내

는 '귀납'과 논리를 기초로 결론을 이끌어 내는 '연역'은 내가 소중히 하고 있는 기본적인 철학적 사고다.

내가 과거의 시장을 관찰하여, 주식시장과 상품시장 사이에서 18년 정도의 사이클로 상승 트렌드가 교체된다는 사실을 알게 된 것은 제3장에서 말한 대로다(77페이지 참조). 이는 이른바 귀납법으로 사고하는 훈련을 쌓았기 때문에 당도한 결론이다.

켈로그사의 콘플레이크의 예를 들어보자. 만약 플레이크의 원재료 가격이 떨어지면 켈로그 제품을 파는 회사의 이익은 그만큼 늘어나기 때문에 주가는 올라갈 가능성이 높아진다. 반대로 원재료 가격이 상승하면 그만큼 이익이 줄기 때문에 주가가 하락할 가능성이 높아진다.

이 관계를 일반화하면 주식의 상승 국면에서는 상품이 약하고 주식의 하락 국면에서는 상품시장이 강하다는 결론을 이끌어 낼 수 있다.

철학을 배워 이런 것을 일상적으로 생각할 수 있는 사고를 습득해 두면 사물을 볼 때 눈앞의 움직임에 현혹되는 일이 없어지고 다수파에 휩쓸리는 일도 없이 자신의 머리로 올바로 생각하는 버릇이 몸에 밴다. 투자의 이론은 '싸

대전환의 시대

게 사서 비싸게 판다'라는 아주 심플한 것이지만 사람들은 대부분 이를 실행할 수 없다. 눈앞에서 상승하는 주가나 다수파의 의견에 휩쓸리면 '비싸게 사서 싸게 파는' 일이 되고 만다.

아무튼 세상 사람들의 상식이나 타인이 하는 말을 그대로 받아들이지 말고 항상 스스로 생각하는 버릇을 가져야 한다. 그것이 가능하면 성공에 한 발 다가갈 것이다.

금융 리터러시가 낮은 것은
일본인만이 아니다

일본인은 금융 리터러시가 낮다고 하는데, 그것은 일본인만의 문제가 아니다. 금융 리터러시가 낮은 사람은 국적을 불문하고 존재한다. 특히 지금과 같은 버블 시기에는 SNS 등에서 뜨거운 종목이나 트렌드를 찾아 하룻밤 사이에 부자가 되려고 한다.

'대부분의 투자는 손해를 본다'고 말해도 아무도 들어주지 않을 것이다. 1990년대에 애플 주식을 산 사람이나

2010년에 가상화폐를 구입한 사람의 이야기를 듣고 자신도 그런 일을 할 수 있다. 그런 것은 간단하다고 말할 것이다. 그런 사람에게는 아무리 안이한 투자가 좋지 않다는 데이터를 보여줘도 의미가 없다.

주식이나 기업에 대해 잘 알지 못하고 조사할 시간도 기력도 없는 사람이라면 우선 인덱스 투자를 검토해보는 것이 좋다. 지금은 여러 가지 상품이 있고 나도 최근에는 상당히 게을러져서 상장지수펀드나 인덱스를 사용하는 일이 자주 있다. 자신이 무엇에 투자하는지를 이해하고 있으면 개별 주식 투자도 나쁘지 않다. 다만 어떤 기업이나 개별 주식에 투자할지를 배우기 위해서는 여러 달이 걸리는 긴 과정이 필요하다. 기업의 결산 숫자나 업태에 대해 완벽하게 이해하고 있지 않다면 투자해서는 안 된다.

한 예를 들어보자. '중국의 스타벅스'라고도 하는 루이싱 커피Luckin Coffee에서 2020년 4월에 분식 회계가 발각되어 큰 뉴스가 되었다. 그러나 이런 일은 옛날부터 있었던 일로, 딱히 중국에서 시작된 일은 아니다. 만약 인생에서 제한된 횟수밖에 거래할 수 없다고 한다면 당신은 굉장히 신중해질 것이다.

그 정도의 각오로 거래하지 않으면 손실을 볼 것이다. 가령 인생에서 투자할 수 있는 기회가 20번밖에 없다면 열심히 종목을 고를 것이고, 여기저기서 위험한 거래는 하지 않을 것이다. 하지만 현실은 그렇지 않아서 많은 사람들이 빨리 부자가 되고 싶은 마음에 나의 충고에 귀를 기울이지 않을 것이다.

그러므로 나는 개별 종목에 대해 애써 언급하지 않으려 하고 있다. 왜냐하면 내 책을 읽는 사람들은 닥치는 대로 그 종목을 사기 때문이다.

이전에 이런 에피소드가 있었다.

내가 텔레비전 프로그램에 출연하여 멕시코의 주식 펀드를 공매도했다고 이야기한 적이 있다. 그러자 놀랍게도 단 3주 뒤에 멕시코 시장이 대폭락을 했던 것이다. 그 뒤에 같은 텔레비전 프로그램에서 시청자가 전화로 소리치며 이렇게 말했다. "멕시코 펀드를 샀는데 짐 로저스 탓에 큰 손실을 봤다."

나는 '공매도short selling'라고 분명히 말했는데도 시청자는 '멕시코 주식 펀드'라는 문구만 듣고 아무것도 모른 채 사고 말았던 것이다. 공매도가 뭔지 전혀 모른 채 반대되는 행동을 했던 것이다.

그는 결과적으로 손실을 봤고 내 탓을 했다. 돈을 벌었다면 아마 내 이름을 거론하지 않았을 것이다. 그러므로 개별 종목 이야기는 이제 하고 싶지 않다. 최근에는 항공 종목이 많이 팔렸기 때문에 그 분야는 살지도 모른다고 말했더니 "어느 것을 사면 좋은가?"라고 물어 오는 사람이 많았다.

아무튼 다른 사람이 산 것이라고 해서 반드시 돈을 벌 것이라는 보증은 전혀 없다. 나도 아무리 조사해도 틀린 일이 있지만 그 경우에는 솔직히 자신의 실수를 인정한다.

솜씨가 좋은 투자자는 손절$^{stop\ loss}$ 등을 구사하여 포지션^{position}*을 관리하는 법이다. 나는 다소 게으름을 피우게 되었기 때문에 지금은 손절을 하지 않고 있다. 다만 손절을 이용하면 확실히 출구 전략을 펼 수 있다는 것은 분명하다. 사실 그렇게 하는 것이 장기적으로 그다지 많은 생각을 하지 않아도 좋을지 모른다.

---

* 외환이나 증권의 보유 상태.

S&P 500에 적립식 투자를 해도
돈을 벌 수 없는 시대

일반 사람이 투자한다면 인덱스 펀드에 해야 한다고 말했지만, 그래도 모든 사람에게 투자하는 것을 권하는 것은 아니다. 만약 투자한다면 인덱스 펀드도 간단하지는 않다는 것을 인식했으면 한다. 지금은 많은 나라에 많은 분야나 테마의 인덱스 펀드가 있고 선택지도 수천 가지나 존재하기 때문이다.

투자 대상을 좁히는 것은 간단하지 않고, 뭘 하는지 모른다면 투자는 그만두는 편이 낫다. 가령 '은행 종목을 사면 된다'고 말할 경우 은행주의 인덱스 펀드를 사면 개별 종목보다는 리스크가 낮고 돈을 벌지도 모른다.

지난 20년 동안 미국의 대표적인 주가지수인 S&P 500의 인덱스 펀드를 샀다면 돈을 벌었을지 모르지만 향후 20년은 돈을 벌 수 없을 거라고 생각한다. 지금이라면 일본의 인덱스 펀드를 사야 한다. 그러나 다들 이미 오른 자산을 사고 싶어 하고 보합세인 일본의 인덱스 펀드에는 손을 대지 않을 것이다.

하지만 착각하지 말기를 바라는 것은 '반드시 투자를 하지 않으면 안 된다'고 생각해서는 안 된다는 점이다. 되풀이하지만 만약 인덱스 펀드를 찾는 것마저 불가능하다면 투자 자체를 해서는 안 된다. 모른 채 사면 대개는 손실을 본다. 그것을 남의 탓으로 돌린다고 해도 좋은 것은 하나도 없다.

●
MBA는 돈 낭비

나는 인생에서 성공하고 싶다면 세계를 보고 과거의 역사나 철학에서 배워야 한다고 여러 차례 되풀이해서 말했다. MBA$^{Master of Business Administration, 경영학 석사학위}$ 취득 같은 것은 시간과 돈 낭비라고도 계속해서 말해 왔다.

나는 예전에 미국의 일류 대학인 콜롬비아대학의 비즈니스 스쿨에서 강의를 한 적이 있다. 가르치는 것 자체는 나에게 무척 즐겁고 유의미한 시간이었다. 당시 학생들에게 "자네들을 내 부하라고 생각하고 단련시킬 것이다. 나를 실망시키지 말기 바란다"라고 말하며 월가에서의 일상 같은 실천적인 수업을 하고 평가도 아주 엄격하게 했다. 너무 엄격해서 학생들이 싫어할 것이라고 믿고 있었는데 학기가 끝날 때 "훌륭한 수업이었다. 또 그 선생님을 꼭 불러달라"라는 말을 듣는 등 굉장히 높은 평가를 받았다. 그것을 알고 나는 뜻밖에도 그 자리에서 울고 말았을 정도였다.

다만 MBA 그 자체는 정말 낭비라고 느꼈다.

학생에게 "지금 당장 그만두어야 한다"고도 말한 적이 있을 정도다. MBA는 다액의 자금과 시간이 필요하고, 배우는 내용의 대부분은 옳지 않다. 다양한 이론 등을 배울지도 모르지만 실천할 수는 없다. 또는 이론이 틀린 경우도 많다.

미국의 MBA^{경영대학원}에 간다고 하면 실제 고액의 학비에 더해 일을 할 수 없는 만큼 잃게 되는 급료를 더한 기회비용은 수십 만 달러에 이른다. 학비는 점점 올라갈 뿐이기 때문에 잃는 돈도 점점 많아진다.

그런 시간과 돈이 있으면 일단 대두 선물이라도 사보는 게 좋다. 그런 편이 무척 좋은 공부가 될 것이다. 또는 뭔가 사업을 시작하는 게 좋다. 그리고 실패한다고 해도 굉장한 인생의 교훈이 될 것이다.

그것은 MBA를 취득하는 것보다 훨씬 좋은 공부가 된다. 투자나 사업에 성공해도 나름대로 배우는 것이 있을지 모르지만, 실행하는 편이 훨씬 많은 공부가 될 것이다. MBA 보다 유효하고 실제 사회에서 유용한 교훈이 되는 방법 같은 건 얼마든지 있다.

MBA는 다양한 재미있는 사람과 만날 수 있는 장소라고 말하는 사람도 있을지 모른다. 하지만 그것이 바람이라면 캘리포니아로라도 이사를 가서 사우나나 온천에 몸을 담그고 있으면 된다. 무척 재미있는 사람들과의 수많은 만남이 기다리고 있을 것이다.

나는 학교 안에서만 배우는 것보다 세계를 보는 것이 얻는 게 훨씬 많다고 생각한다.

일부 업종에 취직하기 위해서는 MBA가 필수라고 생각되고 있는데, 그것은 단지 고용하는 측도 MBA를 취득했기 때문일 것이다. MBA 취득자들이 MBA 취득자를 고용하고 싶어 하는 것은 알겠다. 하지만 그것은 취직 시험을 볼 때뿐이다.

그 뒤 자신의 힘으로 승진하고 전직할 수 있기 때문에 MBA는 취직 활동을 할 때를 제외하고는 별로 의미가 없는 것 같다. 취직한 뒤에 큰 업적을 쌓았다면 당신이 고등학교 중퇴자든 MBA 취득자든 관계없다. 일이라는 것은 결과주의이기 때문이다.

옛날에는 고등학교를 졸업하지 않으면 취직할 수 없었던 시기가 있었다. 그런데 1950년 무렵에는 대학 졸업장이 없으면 많은 기업에서 고용해주지 않게 되었다.

1960년대에는 MBA를 취득한 사람은 금융이 아니라 GM 등의 보통 회사에 근무했다. 지금과 같은 흐름은 1969년에 명문 펜실베이니아대학의 와튼스쿨이 금융에 특화된 비즈니스스쿨을 설립하겠다고 제안한 것이 시작이다. 그때부터 30~40년은 와튼스쿨에서 금융 MBA를 취득했다면 누구나 고용해주었을 것이다.

그러나 향후 30~40년은 금융업계 자체가 하강하는 흐름에 있다고 추측되기 때문에 더더욱 권할 수가 없다. 그렇다고 하더라도 지금의 젊은이에게 이런 말을 해도 듣지 않을 것이다. 그들 대부분은 지금도 월가나 헤지 펀드에서 일하고 싶어 한다.

1958년 무렵에는 매해 5,000명이 MBA를 취득했으나 2019년에는 미국에서만 50만 명이 MBA를 취득했다고 한다. MBA 취득자가 이만큼 늘어나면 MBA를 취득하는 것이 낫다는 의견은 계속 늘어날 것이다. 왜냐하면 그들은 자신이 보낸 시간이 낭비였다는 사실을 인정하고 싶지 않기 때문이다.

그러나 단지 그 이유만으로 방대한 시간과 돈을 낭비하는 것은 어떨까.

만약 무슨 일이 있어도 대학원에서 배우고 싶다면 앞으로는 농업학이나 광산학 쪽이 훨씬 도움이 될 것이다. 특히 바이오테크놀로지 같은 것은 블록체인과 같은 정도로 흥미진진한 분야로, 새로운 발견이 잇따르고 있다.

●
아이가 갈 대학은
살고 있는 나라에서
멀리 떨어진 곳이 좋다

나는 열여덟 살로 성인이 된 아이에게 지시를 할 만큼 바보는 아니다. 하지만 두 딸에게 부탁했던 단 한 가지는, 어른이 되면 지금 살고 있는 싱가포르에서 되도록 멀어지라는 것이다. 내가 대학에 다닐 때 가장 좋았다고 느낀 것은 본가에서 멀리 떨어진 곳이었다는 점이다.

나고 자란 미국 앨라배마주의 데모폴리스라는 작은 도시에서 뜻하지 않게 명문 예일대학에 입학했던 당시 나의 동급생 대부분은 풍족한 가정에서 자란 학생들이었다. 많은 동급생들은 명문 보딩 스쿨boarding-school*을 졸업한 이들이었다. 그들은 미국의 촌구석밖에 모르는 나와 달리 이미 유럽 등의 해외여행을 경험하고 세계를 둘러봤으며 나보다 많은 것을 알고 있었다.

나는 무심코 대학 사무실로 가서 왜 나 같은 사람을 합격시킨 거냐고 물었을 정도다. 사무국장은 "왜 일부러 그런 것을 묻나? 자네는 대부분의 과목에서 1등을 했네. 거의 만점만 받지 않았나"라고 말했다. 그런데 그것은 어디까지나 한 학년이 단 40명에 불과한 데모폴리스의 공립 고등학교에서의 성적에 지나지 않았다. 그 정도로 나는 대부분의 동급생과 전혀 다른 환경에서 자랐던 것이다. 다만 그렇기에 항상 다른 시각에서 독자적인 의견을 가질 수 있

---

* 재학생 전원이 기숙사에서 침식을 함께하며 교육을 받는 학교.

는 부분도 있었다.

그래서 나는 고향에서 멀리 떨어지는 것이야말로 최고의 교육이라는 사실을 깨달았다. 그것은 미국에서 예일대학을 졸업한 뒤 다시 영국의 옥스퍼드대학에 가고 싶다고 생각한 이유이기도 하다. 솔직히 말하자면 해외에 진학함으로써 베트남 전쟁의 징병을 피하고 싶다는 생각도 있었던 것은 분명하다.

나는 예일대학과 옥스퍼드대학에서 멋진 경험을 할 수 있었고, 우수한 성적도 거둘 수 있었다. 최고의 경험을 할 수 있었다고 생각한다. 멀리 감으로써 고향에 대해, 그리고 세계에 대해 좀 더 많은 것을 배울 수 있었다.

딸들에게는 그런 충고만 했다. 그리고 이미 중국어와 영어를 할 줄 아는 딸은 고등학생이지만 이미 싱가포르의 집을 떠나 혼자 영국에서 고등학교를 다니고 있다.

그녀는 코로나 재앙으로 유학하는 영국에서 싱가포르로 돌아와 온라인으로 수업을 들었다. 하지만 지금은 영국으로 돌아가 14일간의 격리를 거쳐 다시 이국에서의 학교생활을 만끽하고 있다.

귀여운 고등학생 딸이기에
여행을 보낸다

애초에 나와 아내는 장녀가 영국에서 고등학교를 다니는 것에 반대했다.

처음부터 딸을 싱가포르에 붙들어 둘 생각은 추호도 없었고, 중국어를 배워 넓은 세계를 자신의 눈으로 봤으면 좋겠다고 생각했다. 그래서 어렸을 때부터 "대학은 어디를 가든 상관없지만 어쨌든 집에서 먼 곳으로 가야 한다"고 말해 두었다.

그러나 스스로 해외유학을 가고 싶다는 말을 꺼낸 것은 장녀가 아직 고등학교에 입학하기 전이었다. "해외로 가는 거라면 조금만 더 기다리는 게 어떠냐"고 아내와 둘이서 여러 차례 설득도 했다. 하지만 그녀는 싱가포르 밖으로 나가는 것에 대해 진지하고 정열적이었다. "무슨 일이 있어도 다른 환경에서 공부하고 싶다"고 확실히 말해서 최종적으로 딸의 의향을 존중하여 영국으로 보냈다. 그것은 결과적으로 딸에게 훌륭한 선택이 되었다. 딸은 영국의 고등학교에서 스타가 되었고 하루하루를 무척 즐기고 있다.

일본에서는 초등학교에서부터 미리 깔린 레일을 따라 공부를 하고 국내의 대학으로 진학하는 것이 보통이고, 해외 학교로 가는 아이는 아주 드물다고 들었다. 그들의 부모에게 하고 싶은 말은 '귀여운 아이에게는 여행을 보내라'는 것이다. 나는 아이들을 다양한 곳에 데려갔다. 수많은 외부와의 접촉이 있기에 아주 이른 시기부터 해외에 흥미를 가졌을 거라고 생각한다.

딸들은 미국에서 싱가포르로 온 철들기 전의 시점에 이미 외국인이었다. 그러므로 어렸을 때부터 다른 학생들과 달리 독특한 시점을 가졌을 것이다. 그리고 장녀는 스스로 해외의 고등학교에 가고 싶다고 말하며 영국 유학을 결심했다.

장녀의 진로 선택에서 그 학교를 정한 이유는 영국이면서 중국어 교육이 뛰어나다는 점이었다. 어렸을 때부터 습득하고 있는 중국어를 앞으로도 계속 배웠으면 좋겠다고 생각한다. 장녀는 싱가포르의 베이징어 스피치 콘테스트에서 백인으로는 처음으로 상을 받았을 정도니까.

자유야말로 그 무엇과도
바꿀 수 없는 자산이다

장녀는 올해 고등학교 2학년이다. 대학은 가고 싶은 곳에 갔으면 좋겠다고 말해 두었다. 틀림없이 영국의 옥스퍼드나 중국의 베이징대학을 희망할 거라고 생각했더니 미국 대학에 가고 싶다고 했다. "저는 미국인인데 철들 무렵부터 미국에 산 적이 한 번도 없어서 실제로 살며 좀 더 공부해보고 싶어요"라고 말하는 것이다.

그녀는 내가 예전에 교편을 잡았던 뉴욕의 콜럼비아대학을 희망하고 있다. 만약 합격한다면 아주 좋은 경험이 될 것이다. 내가 미국에 살았던 무렵과는 전혀 다른 경험을 할 거라고 생각한다.

그녀가 대학에 갈 무렵 과연 뉴욕은 어떻게 되어 있을까. 현재는 범죄가 늘어나 감당할 수 없는 상황이 되었다는 것이 가장 큰 걱정이기는 하다. 맨해튼은 내가 거주했던 1980년대도 이미 위험했지만 더욱 위험해진 것처럼 보인다. 뉴욕에서 성공한 내 친구들도 주를 떠나는 걸 검토하고 있을 정도로 사태는 악화하고 있다. 사무실이나 매점은 텅

비고 노숙자는 늘고 시민은 밤에 거리로 나가는 것을 두려워하고 있다고 한다.

앞으로 사랑하는 두 딸 모두 해외로 나가고 나면, 그것이 내가 바라는 일이기는 해도 아마 쓸쓸해질 것이다. 하지만 나도 싱가포르의 회사에 다니고 있는 것이 아니고 또 특정한 나라나 장소에 묶여 있는 것이 아니기 때문에 바라기만 하면 함께 이주할 수도 있다. 만약 갑자기 두 딸 중 하나가 오스트레일리아의 시드니에 살고 싶다고 말한다면 당장이라도 따라갈 수 있는 것이다.

이것만으로도 내가 인생에서 가장 바랐던 것을 손에 넣었다고 할 수 있다. 일이나 회사에 얽매이지 않고, 좋을 때 좋아하는 장소로 이동할 수 있는 자유를 손에 넣은 것이 내 인생에서의 자랑이다.

●
아이가 14살이 되면
일을 시킨다

영국에 유학 중인 딸에게는 고정적인 생활비를 보내는

것이 아니라 신용카드를 주었다. 2020년 현재 현금과 예금 계좌만으로 생활하는 것은 불가능하다. 만약 카드를 너무 많이 쓰면 얼마간 통제를 하지 않으면 안 되지만, 아직 그런 사태는 일어나지 않았다.

지금은 신용카드로 현금도 인출할 수 있고 거의 뭐든지 구입할 수 있기 때문에 안전성이라는 면에서도 편리하다.

나는 어렸을 때부터 두 딸들에게 돼지저금통을 주고 금전 교육을 시켜 왔다. 어렸을 때는 특별히 용돈을 주지 않고 침대를 정리하는 일 등을 돕거나 무슨 일을 하면 그때마다 돈을 주어 저금하게 하는 방식이었다. 그렇게 함으로써 돈을 번다는 것이 어떤 일인지를 가르쳐주고 싶었던 것이다.

나도 어렸을 때부터 집안일을 돕기도 하고 야구장에서 땅콩을 팔거나 해서 스스로 돈을 벌었다. 친구와 노는 것보다 돈을 버는 것이 좋았을 정도다. 앨라배마의 가족은 모두 열심히 일해서 "나중에 할게"라거나 "게으름을 피운다"는 말을 들어본 적이 없다. 근면했던 부모의 가르침은 지금도 내 안에 살아 있다.

그러므로 딸에게도 "14살이 되면 밖에서 일을 찾지 않으면 안 된다"고 말했다. 나는 14살이 된 장녀가 "일자리를 찾았어"라고 말했을 때 틀림없이 시급 8달러인 맥도날드에서 일할 거라고 생각했다. 그러나 그녀는 시급 30달러인 중국어 가정교사라는 비교적 고수입인 일자리를 찾아 나를 깜짝 놀라게 했다.

하지만 어른 강사라면 시급 70달러였기 때문에 그녀는 화를 내고 있었다. 그녀는 고등학생 당시의 나 같은 사람보다 훨씬 머리가 좋다. 지금의 고등학교에서는 친구에게 중국어를 가르치고 있는 모양인데, 이는 무급으로 하고 있다. 대학에 갈 무렵에는 상황에 따라 다시 무엇인가의 아르바이트 자리를 찾아도 좋을 것이다.

내가 예일대학을 다니고 있을 때는 생활 자금이 필요했기 때문에 아르바이트를 했다. 하지만 옥스퍼드대학에서는 외국인이었기 때문에 밖에서 일자리를 찾는 것이 불가능했다.

그녀가 싱가포르에 살았던 동안은 짐 로저스의 딸이기 때문에 특별 취급을 받은 일이 있었던 모양이다. 애초에 학교에서는 유일하게 파란 눈의 백인이기 때문에 무슨 일을 해도 존재감이 드러나 이름보다는 외모로 다른 대우를 받았던 것 같다. 그러나 영국에서는 그런 일이 없다. 그녀가 다니는 고등학교에, 애초에 내 이름을 들어본 적이 있는 사람이 있기나 할까. 그녀가 지금의 고등학교에서 우수한 성적을 거두고 성공할 수 있었던 것은 모두 그녀의 실력 때문이다. 나의 공적 같은 것과는 전혀 관계없다.

나는 딸들에게 "너희들이 주위에서 듣는 만큼 나는 돈을 갖고 있지 않아"라고 말한다. 또한 "내 자금력에 기대지는 마"라고 말해 두었다. 애초에 그녀들은 이미 나를 기대고 있는 것으로 생각되지도 않지만 말이다.

차녀는 장녀와 달리 고등학교까지 싱가포르 국내에서 진학하고 싶다고 말하고, 희망하는 학교인 난양南洋 여자중학교에 들어가기를 바라고 있다. 그러나 슬픈 일이게도 코로나 쇼크 이후에는 국제도시 싱가포르에서도 서서히 외국인을 배척하는 흐름이 나타나고 있다. 나도 그것을 절실히 느끼고 있지만 차녀에 대해서는 일단 순조롭게 지역 중학교에 들어가기를 바라고 있다.

앞으로의 일은 나도 모르지만, 향후 5년은 싱가포르에 남아 있고 싶다. 사실 최근에는 하녀를 고용하려고 했지만 정부는 이런 나의 요망을 받아주지 않았다. 일단 항의를 하면 고용할 수 있게 되겠지만, 외국인 하녀를 고용하고 싶은 희망은 반드시라고 해도 좋을 정도로 처음에는 받아들여지지 않는다. 피부로 느껴지는 것은 슬픈 일이지만, 그렇지 않더라도 싱가포르, 그리고 전 세계의 외국인 배척 의식은 확실히 일어나고 있다.

●
아이가 38살이 될 때까지 유산은 넘겨주지 않는다

만약 코로나에 감염되면 아주 위험한 나이가 된 내게 유산을 어떻게 할 생각이냐고 묻는 사람이 있다. 그런데 아직 확실히는 모르겠다. 다만 어쨌든 딸 둘이 38살이 될 때까지는 내 유산에 손을 댈 수 없게 하겠다는 생각만은 정해 두었다. 신탁이 아니라도 은행 계좌에 넣어 두고 유언에 "그녀들이 38살이 될 때까지 손을 댈 수 없도록 한다"고 쓸 생각이다.

38살이라는 숫자를 고른 이유는 특별히 없지만, 아무튼 어른이 되어 스스로 성공했으면 좋겠다는 희망이 있기 때문에 40대 직전까지는 유산을 전혀 건네지 않을 생각이다. 스스로 일자리를 찾아 성공하는 것이 독립하지 못하고 부모의 도움을 받는 것보다는 행복할 것이다. 투자에 대해서는 원하면 가르쳐주어도 상관없겠지만 그것을 좋아하지 않는다면 억지로 배울 필요는 없다. 좋아하는 일을 선택하는 것이 성공을 거두기에 가장 쉽기 때문이다. 무슨 일을 해도 좋지만 아무튼 좋아하는 일을 찾아내 노력하고, 그리고 세계라는 것을 스스로 경험해보고 그 안에서 성공했으면 좋겠다고 생각한다. 이것이 딸들에게 걸고 있는 바람이다.

덧붙여서 말하자면 일본의 증여세와 상속세는 최고 세율이 55%라고 들었다. 내가 일본의 부자라면 당장 해외로 이주할 것이다.

만약 그렇게까지 일본을 좋아하고 천황 폐하를 좋아해서 일본 정부에 돈을 건네고 싶다면 죽을 때까지 기다릴 필요는 없다. 오늘이라도 정부에 자산을 기부해야 한다. 하지만 나는 정부에 돈을 건네는 것에는 맹렬히 반대한다. 그들은 돈을 쓰는 방법을 모르기 때문에, 사회 공헌도 뭐도 아니고 도랑에 버리는 짓이나 같은 일을 하는 것이기 때문이다.

유망한 대학생에게 장학금을 주는 것은 생각하고 있다. 나는 시골의 가난한 가정에서 나고 자랐지만 장학금을 받고 예일대학에 진학함으로써 그 환경에서 빠져나와 성공의 첫 발을 내디딜 수 있었기 때문이다. 하지만 이것도 정부와 마찬가지로 대학에 직접 돈을 기부해버리면 대학 측이 쓰는 방법을 멋대로 정하기 때문에 필요한 학생에게 건네지지 않을 가능성이 높다. 그래서 학생 본인에게 직접 건네는 형태를 취하고 싶다.

●
아시아의 교육은
유럽이나 미국보다 훌륭할까

2019년 중국의 칭화清華대학이 '아시아의 대학 순위'영국의 타임스 하이어 에듀케이션,Times Higher Education, THE에서 1위를 차지했고, 2018년에 실시한 국제학력테스PISA에서도 중국의 도시 지역이 싱가포르를 제치고 세계 1위를 차지했다.

솔직히 모국 미국의 교육은 질이 나빠 모국어인 영어마저 제대로 가르쳐주지 않는다. 그것은 미국의 교육 시스템이 나빠졌다는 것을 의미한다. 최근 조사에서는 대학을 졸업한 사람조차 신문의 논설을 읽고 제대로 이해할 수 없다는 결과가 나왔다. 그리고 신용카드 신청 서류를 이해할 수도 없는 모양이다.

세계에서 미국의 대학 평판은 무척 좋고, 세계의 수많은 사람들이 자신의 아이를 미국에서 배우게 하기를 꿈꾸고 있다. 하지만 실태는 사기나 마찬가지다. 중요한 것은 아무것도 가르쳐주지 않는다고 해도 좋을 정도라는 점이다.

나는 딸들이 아주 어렸을 때부터 싱가포르의 현지 학교에 다니는 것을 지켜보았다. 중국어를 배우게 하기 위해 뉴욕에서 태어났을 때부터 중국인 가정교사를 붙였고, 싱가포르로 가족이 이주하고 나서도 중국어를 가장 확실히 공부시켜줄 학교를 찾아 입학시켰다. 그런데 내가 보기에 그녀들에게 주는 숙제의 양은 여간 많은 게 아니었다. 옆에서 보고 있으면 과연 그 나이에 그 정도의 공부 양이 적당한 것일까, 하는 생각이 들 때도 있었다.

훌륭한 학교에 다닌 것만으로 인생의 성공이 보장되는 일은 없다. 주변에는 머리가 좋고 학력이 굉장한 사람이라도 성공하지 못한 사람이 많이 있을 것이다. 다만 어려운 환경에서 참을성 있게 공부하고 노력하는 것을 배우게 하면 성공으로 이어질 수 있을 거라고 생각한다. 인생에서 몇 번이고 찾아오는 가혹한 상황을 극복하기 위해서 가장 중요한 것은, 목적을 관철하며 끈기 있게 분발하는 일이다. 최후에 성공하는 것은 결국 포기하지 않는 사람들이기 때문이다.

아시아 사람들에게 물으면 최근 아시아의 대두는 뛰어난 교육 시스템 덕분이라고 주장할 것이다. 하지만 이는 우연히 아시아가 상승 경향에 있는 시대와 겹쳤기 때문인지도 모른다. 내가 사는 싱가포르도 그런 타이밍이었던 것인지, 아니면 교육 시스템이 이유인지는 확실하지 않지만, 최근 들어 국가로서는 성공을 거두고 있다.

진상은 아마 20~30년 뒤에나 알게 될 것이다. 그 무렵에는 내 딸들도 자신의 인생을 확실히 걷고 있을 것이다.

●
세계가 끝나지 않는 한
꿈을 포기할 필요는 없다

지금 생각하면 나도 젊었을 때 분발해서 중국어를 배웠으면 좋았을 거라고 생각한다. 두 딸이 중국어를 모국어처럼 구사하는 걸 옆에서 듣고 있어도 나는 잘 알아들을 수가 없다. 내가 알고 있는 중국어라고 하면 '웨이지危机. 위기'와 '빙피지우冰啤酒. 찬 맥주', 그 외에 몇 가지 정도다. 그러나 내가 열다섯 살 무렵에 중국어를 공부한다고 말했다면 미국에서는 아마 비국민 취급을 받았을 것이다. "공산주의 국가의 언어를 배워서 어떻게 하려고"라며 질책을 당하거나 비웃음을 받았을 것이다. 하지만 지금은 시대도 세계도 많이 변해 미국에서도 많은 사람들이 중국과 중국어에 많은 관심을 가지고 있다.

내가 30살이었던 무렵에는 나도 모르게 투자가로서 대성공을 거두기 일보 직전이었다. 그러나 37살에 은퇴하고, 그 뒤 40살에 범한 잘못은 잠에서 깨어나 점점 진화해가는 중국이라는 거대한 용을 직접 목격했으면서도 거기에 남지 않았다는 사실이다.

나는 여행에서 미국으로 돌아와 중국의 굉장함에 대해 인터뷰를 받고 여기저기서 강연하고 《중국의 시대》라는 책까지 냈다. 하지만 만약 40살에 그대로 중국으로 이주했다면 또 다른 행복한 인생이 있었을 거라고 생각하는 일이 있다. 아마 나는 지금보다 훨씬 큰 부자가 되어 있었을 것이다.

그렇다고 하더라도 나의 40살 이후의 인생도 굉장히 행복했다고 생각하고 있기는 하다. 어렸을 때부터 꿈꾸고 있던, 좋을 때 좋아하는 곳에 가는 자유를 손에 얻고 세계일주를 두 번이나 한 데다 자신의 텔레비전 프로그램도 갖고 있다. 무엇보다 나라는 인간을 잘 이해해주는 지금의 아내와 만나고, 60살이 넘어 두 명의 귀여운 아이도 얻었다. 젊었을 때는 어쨌든 일 일변도여서 결혼에도 실패하고 아이 같은 건 필요 없고 아이가 있는 사람은 불쌍하다고까지 생각했는데 지금은 딸들이 존재하지 않는 세계 같은 건 생각할 수도 없다. 이런 행복을 몰랐다면 자신은 어떻게 되었을까, 하고 생각할 정도다.

지금 생각하면 두 번의 세계일주 때 15군데나 되는 분쟁지역을 용케 뚫고 지나왔다며 스스로도 감탄한다. 지금은 코로나로 해외에 자유롭게 갈 수 없는 상황에 놓였고, 만약 간다고 해도 국경을 건너면 14일의 격리가 필요해져 그것만으로도 상당한 시간을 보내게 되고 말았다. 100개국을 돈다고 하면 격리만으로 1400일, 즉 약 4년이 걸리기 때문에 생각하는 것만으로도 몹시 괴롭다.

하지만 결국 자력으로 세계일주를 하는 일은 어떤 시대에나 어렵고, 그만큼 전념하지 않으면 도저히 달성할 수 없다. 나는 지난 30년 동안 몇 번이나 "지금은 더는 세계일주 같은 건 불가능하다"는 말을 들었다.

하지만 정말 하고 싶다고 생각하면 가능한 것이다.

오토바이나 자동차로 세계를 여행하는 건 "불가능하다. 죽임을 당할 것이다"라는 말을 여러 차례 들었다. 하지만 가령 여행하는 동안 죽는다고 해도 나는 만족했을 것이다. 자신이 하고 싶다고 생각하는 것을 해내며 죽을 수 있기 때문이다. 일하는 중에 사무실에서 쓰러지거나 거리에서 자동차에 치여 죽는다면, 죽어도 차마 죽을 수가 없을 것이다.

바이러스에 의해 세계는 더욱 복잡해졌지만 만약 꿈이 있다면 행동으로 옮겨야 한다. 설령 국가가 파산하여 모든 부가 없어졌다고 해도 나라나 인생은 계속될 것이다. 그렇다면 하고 싶은 일을 포기해서는 안 된다.

여행이든 뭐든 좋다. 아무튼 자신이 하고 싶은 것을 찾아 그것을 완수해야 한다. 주위에서 비웃음을 받아도 좋다. 많은 사람에게 비웃음을 당할수록 인생에서는 성공을 거둘 수 있을 것이다.

나가며

수중에 현금 1만 달러가 있는 사람이 무엇에 투자하면 좋을까. 충고를 한다면 '내가 하는 말을 들어서는 안 된다'는 것이다. 자신에게 확신이 드는 것에 투자했으면 좋겠다. 투자가로서 성공을 거두는 유일한 방법은 자기 자신이 잘 알고 있는 것에 투자하는 일이다.

왜냐하면 나의 조언을 듣고 뭔가를 사서 설령 가격이 배가 되어도 당신은 그 뒤 어떻게 하면 좋을지 알 수가 없을 것이기 때문이다. 투자액을 늘려야 할까, 팔아야 할까, 아니면 계속 보유해야 할까.

모른다면 아무것도 해서는 안 된다. 많이 벌었을 경우에는 내가 조언했다고는 말하지 않을 것이다. 하지만 손실을 입었을 경우 곧바로 조언을 한 내가 비판을 받는다. 실로 불공평한 일이 아닐 수 없다.

유명한 투자가가 포트폴리오를 바꿀 때 그대로 흉내 내어 투자하는 사람이 있다. 영문도 모르고 투자하는 것은 무슨 일이 있어도 그만두는 게 좋다. 실제로 무엇을 하고 있는지 모른다면 손실을 입을 확률이 높을 것이기 때문이다.

이런 소극적인 조언 같은 건 아무도 듣고 싶어 하지 않을지도 모른다. 많은 사람들은 가장 뜨거운 종목을 듣고 한몫 보자고 생각한다. 그리고 이번 주말까지 억만장자가 되고 싶어 한다. 그러므로 하나만 좋은 종목을 알고 싶다고 늘 묻는다.

하지만 유명한 투자가를 졸졸 따라다녀도 좋은 일은 하나도 없다.

추천하는 종목을 들었다고 해도 그 뒤 어떻게 될지 모른다면 의미가 없다. 모두가 투자가로서 반드시 성공하는 방법 같은 건 없는 것이다.

분산 투자를 하면 리스크를 억제할 수 있다는 말을 자주 듣는다. 하지만 지식도 없는 상태에서 복수의 자산에 분산 투자를 하려고 생각하는 것은 잘못이다. 만약 당신이 만 달러를 밑천으로 거금을 벌려고 한다면 주식이나 채권, 부동산 등에 동시에 투자해도 일단 실현할 수가 없다. 일본이 버블이 되기 전에 일본 주식에 집중 투자하여 버블 붕괴 전에 매각하고, 다음에는 미국의 IT 관련 주식을 다시 사서 2000년에 팔았다면 대부호가 되었을 것이다. 분산 투자를 하면 손실의 변동을 억제할 수는 있지만 자산이 늘어가는 데도 시간이 걸린다는 단점이 있다.

성공하는 투자가는 보통 아무것도 하지 않는 시간이 길다. 모를 때는 가만히 있는 것도 중요하다. 성공하기 위한 비결은, 항상 싼 대상을 스스로 조사하여 찾아보고 좋은 변화가 있다면 투자를 하고 시기가 무르익어 상승할 때까지 참을성 있게 기다리는 일이다.

시간은 걸리지만 잘 되면 크게 상승하여 큰 과실을 손에 넣을 수 있다. 사람들은 대부분 늘 뭔가를 하지 않으면 안 된다고 생각한다. 산 것이 상승하여 이익이 확정되어도 다음에 또 뭔가를 당장 하지 않으면 안 된다고 생각하여 결국 실패한다.

하지만 자신 안에서 '다음의 뭔가'가 발견될 때까지 아무것도 해서는 안 된다. 나는 지금도 매일 영국의 〈파이낸셜 타임스〉와 싱가포르의 〈더 스트레이츠 타임스〉를 구석구석 읽고 최신 정보를 수집하여 다음 한 수를 생각한다.

사람은 오랫동안 착실한 노력을 계속하면 자기 마음의 목소리가 들려올 때가 있다. 타인의 의견이 아니라 자기 마음의 목소리에 따라야 한다. 지금 같은 위기 때야말로 현실에서 눈을 돌리지 말고 적어도 세계와 시장에 무슨 일이 일어나는지를 잘 살피고 지켜봐야 하는 것이다.

그런 의미에서 이 책이 대전환의 시대를 살아나가는 데 작은 힌트라도 된다면 다행이겠다.

2020년 11월

짐 로저스

참고문헌

《대투자가 짐 로저스가 말하는 상품의 시대》

짐 로저스/ 日経ビジネス人文庫/ 2008

《대투자가 짐 로저스, 세계를 가다》

짐 로저스/ 日本経済新聞出版/ 1995

《모험 투자가 짐 로저스, 세계 오토바이 기행》

짐 로저스/ 日経ビジネス人文庫/ 2004

《짐 로저스의 스트리트 스마트-투자는 책에서 배우는 것
이 아니라 거리에서 배우는 것이다!》
짐 로저스/ SBクリエイティブ/ 2013

《짐 로저스 중국의 시대》
짐 로저스/ 日本経済新聞出版/ 2008

《짐 로저스의 일본에 보내는 경고-돈의 흐름으로 본 일본
과 한반도의 미래》
짐 로저스/ 講談社＋α新書/ 2019

《돈의 흐름으로 읽는 일본과 세계의 미래-세계적 투자가
는 예견한다》
짐 로저스/ PHP新書/ 2019

《짐 로저스 대예측: 격변하는 세계를 보는 방법》
짐 로저스/ 東洋経済新報社/ 2020

《위기의 시대, 돈의 미래-세계 3대 투자자 짐 로저스가 말

하는 새로운 부의 흐름》

짐 로저스/ 日経BP/ 2020

《짐 로저스 돈의 새로운 상식-코로나 공황을 이겨 내다》

짐 로저스/ 朝日新聞出版/ 2020

코로나 버블 속에서 부를 키우는
세계 3대 투자가 짐 로저스의 대예언

대전환의 시대

초판 1쇄 발행 2021년 3월 31일
초판 2쇄 발행 2021년 4월 15일

지은이 | 짐 로저스
옮긴이 | 송태욱
펴낸이 | 정광성
기획, 편집 | 정내현
펴낸곳 | 알파미디어
출판등록 | 제2018-000063호
주소 | 05387 서울시 강동구 천호옛12길 46 2층 201호
전화 | 02 487 2041
팩스 | 02 488 2040
ISBN | 979-11-91122-06-0 03320
값 16,000원